Félix Bellamy

La Forêt de Brocéliande

Quatre histoires arthuriennes de fées, de druides, et de magie, inspirées des romans des chevaliers de la Table Ronde

BRUN DE LA MONTAGNE

Voici un roman où l'on nous transporte en Bréchéliant, à la Fontaine merveilleuse ; cette fois, ce ne sont plus des tempêtes et des dislocations du ciel que l'auteur va mettre en branle ; ses devanciers d'ailleurs ont épuisé le chapitre des fureurs de la fontaine ; mais c'est par des scènes plus douces qu'il se propose de nous intéresser. Ce sont les Fées de Bréchéliant qu'il va nous montrer se réunissant à leur fontaine sous la douce clarté des astres de la nuit, et exerçant une de leurs principales prérogatives, celle de décerner à un jeune enfant, au fils d'un prince, les destinées de sa vie suivant leur bon plaisir.

Nous ne serons pas surpris que, suivant l'auteur du Roman de *Brun de la Montagne*, le seigneur Butor de la Montagne ait cédé à la tentation d'envoyer son fils nouveau-né aux fées de Bersillant (Bréchéliant), persuadé qu'il en reviendrait excellemment doué, et avec le présage des plus heureuses destinées.

Le Roux de Lincy, le premier, à ma connaissance, dans son ouvrage *Le Livre des Légendes* (1836) a reproduit plusieurs fragments (725 vers en tout) du roman manuscrit de *Brun de la Montagne*. Nous y trouvons le curieux épisode de la présentation de l'enfant aux fées ; il y a joint une brève analyse de l'œuvre.

M. de la Villemarqué, dans son intéressant article *Visite au Tombeau de Merlin* (Revue de Paris, t. XLI, 1837, p. 45) avait condensé en quelques pages les principaux traits de ce même épisode du roman. On trouvera encore cette même scène des Fées assez longuement reproduite, partie littéralement, partie abrégée en prose empreinte d'archaïsme pour s'harmoniser avec le langage du poète, dans le livre de Baron du Taya, *Brocéliande*, (1839), sous le titre : Les Fées et l'Enfant. — L'auteur, ainsi qu'il le note lui-même, se servit de fragments inédits qui lui furent communiqués par M. Paulin Paris.

Le tome XXII de l'*Histoire littéraire de la France* (1852) p. 348-349, contient une courte notice de M. Paulin Paris sur le même roman. — Enfin en 1875, M. Paul Meyer a publié ce qui en reste, 3926 vers, en y joignant une analyse de l'ouvrage[1].

Le Roman de *Brun de la Montagne* est une chanson de geste que plusieurs critiques considèrent comme étant de la fin du XIIIᵉ siècle. — M. Paulin Paris croit

---

[1] *Brun de la Montagne*, roman d'aventure publié pour la première fois d'après le manuscrit unique de Paris par Paul Meyer. Firmin-Didot et Cⁱᵉ, MDCCCLXXV, XVI, 162 pages.

qu'il est de cette époque, voir du commencement du XIVe. — Selon M. P. Meyer, il serait plutôt de la seconde moitié du XIVe siècle.

Il ne nous en est parvenu qu'un fragment de 3926 vers, c'est le début du poème; il prend le héros à sa naissance, et le mène jusqu'à la quinzième année de son âge seulement, époque où il va commencer à courir les aventures. Ce fragment est par stances monorimes, stances de longueurs fort inégales, de dix, vingt, trente vers et davantage; les vers sont de douze syllabes.

Si on en juge par ce qui nous en a été conservé, il ne faudrait que médiocrement regretter la perte du reste, disent les connaisseurs. On ne saurait nier en effet qu'un fastidieux remplissage n'encombre trop souvent la suite des évènements; les détails inutiles n'y sont point épargnés; l'auteur prend plaisir à les développer: il n'omet rien.

Cependant, ce fragment n'est point dépourvu d'intérêt, au contraire même. C'est le seul roman connu où l'on ait introduit pareille scène de la présentation d'un enfant nouveau-né aux Fées des Fontaines. Et bien que le style soit souvent obscur et difficile, l'œuvre cependant n'est pas sans de gracieux détails et quelques vers bien tournés.

M. Paul Meyer est porté à supposer que l'auteur, qui d'ailleurs est inconnu, appartenait au Nord de la France. Aux raisons philologiques qui le lui font supposer, on pourrait ajouter cette autre considération, que, à quatre reprises au moins l'auteur cite avec une certaine complaisance l'eau de Saine (vers 592, 951, 1551, 3129). Peut-être vivait-il sur ses bords.

Le nom de Barenton n'est pas cité dans l'ouvrage, il est seulement question de la fontaine de Bersillant. Cependant, il n'y a pas grande témérité à dire que cette fontaine où le poète assemble les fées est celle de Barenton, car Wace nous a appris que c'est à Barenton qu'elles se réunissent. Quant à la forêt appelée Bersillant, ce ne peut être que Brocéliande. Ce nom de Bersillant est répété plus de vingt fois dans le poème[2].

L'auteur, j'en suis persuadé, ne connaissait que bien vaguement cette forêt de Bersillant ou de Brocéliande, et pas mieux la Fontaine aux Fées. Mais, où et quelles qu'elles fussent l'une et l'autre, en son opinion, c'est là qu'il a placé le principal et le plus intéressant épisode du fragment qui nous a été conservé, et c'est au voisinage de la forêt assurément que se passent les autres évènements. En effet, le château de Butor de la Montagne est tout près de la forêt, puisqu'il suffit de moins d'une nuit: de quelques heures, pour que l'enfant pût être porté

---

[2] On trouve ce nom de Bersillant aux vers: 496, 565, 588, 6112, 689, 141153, 1215, 1227, 1515, 1532, 1538, 2016, 2019, 2141, 2587, 2606, 3086, 3097, 3138, 3286.

du château à la fontaine et pour être rapporté au château. Rien de cette histoire n'est donc étranger à la forêt de Bersillant ou Bréchéliant, et elle entre de droit en mon sujet.

Voici donc en abrégé ce que raconte l'histoire.

I

Le poète commence par nous exposer (des vers 16 à 25) que les rois et les princes autrefois faisaient porter leurs enfants dans les forêts, les lieux déserts, les prairies, sous un arbre, ou près des fontaines, espérant qu'ils y recevraient, de la part des fées, les destinées qui leur assureraient bonheur et gloire en leur vie[3].

(26) Certain jeudi au mois d'avril,

… au mois d'avril que li bois sont fuelli,
Violetes partout espanissent aussi,
Et que poind la verde herbe, et li pré sont foilli,

un puissant et vaillant seigneur de race royale, nommé Butor, sire de la Montagne, qui déjà vieux avait épousé une jeune femme, venait d'en avoir un fils.
(44) Grande fut la joie quand la dame fut délivrée, et le sire se prit à rendre grâces à Dieu. L'idée lui vint, pour avantager l'enfant, de le faire porter à une fontaine près d'un rocher, où les fées avaient coutume de venir s'ébattre :

49   De lez une fontaine, assez près du rochier ;
        Car il avoit repaire de fées ou gravier
        Qui aloient ou lieu touz dis esbanoier.

(53) « Pars, ami, dit-il à son messager, pars avertir mes barons qu'ils viennent bien vite, car je veux les consulter. Mon épouse vient de me donner un moult bel enfant, et je veux l'envoyer, sans aucun retard, recevoir ses destinées. » (59) — (66) Le messager galope, rapide comme le vent ; il rassemble les barons, ils étaient plus de cent, et les invite, au nom du sire, à venir en grande hâte ; il s'agit

---

[3] Voyez *Appendice A*. Présentation aux Fées.

de porter aux fées l'enfant de leur maître, pour qu'il ait ses destinées à la volonté de Dieu.

(87) C'est folie, se disent entre eux les barons; veut-il donc se débarrasser de son enfant, le seigneur? Vraiment, il ne saurait trouver meilleur expédient, car il se pourra bien rencontrer serpent ou lion qui lui aura bientôt donné la mort. — Cependant, ils s'apprêtent à partir. « Retourne bien vite, disent-ils au messager, et rapporte à Monseigneur qu'il est plus sage de garder l'enfant. »

Le messager prend les devants, et tant galope qu'il crève son cheval au milieu d'une forêt. — (128) Il y rencontre quatre *murdriers* : « Ami, lui disent-ils, paie le droit de passage. » — L'infortuné leur expose sa pénurie, et leur raconte que pour accomplir en toute hâte l'ordre de son maître, il a tellement poussé son cheval que celui-ci est tombé de fatigue en chemin (160)

— Mais d'où viens-tu, lui demande un des quatre bandits, quel est ton seigneur?

— Mon maître, répond-il, de sa dame vient d'avoir un petit enfant; il le veut envoyer à la Roche-Dormant, et m'a dépêché pour convoquer ses barons. Son nom est Butor, le puissant seigneur de la Montagne. (192)

A ce nom le meurtrier tressaille de joie.

— C'est mon cousin germain, lui dit-il. Tiens, par l'amour que j'ai pour mon cousin germain et pour sa gentille épouse, prends ce mien cheval de Syrie (240), et si ta n'as ni denier ni maille, je vais t'en donner. Et je lui dois bien cela, car sans lui certain jour j'aurais été pendu comme larron meurtrier.

— Seigneur, répond le messager, je vous rends grâces, et puisque vous êtes de la noble lignée de Butor, apprenez-moi votre nom. (227)

— Ami, répond le meurtrier, je suis Morgadas, né en Tarsie. Allons, achève ton message, et salue de ma part Butor et sa chevalerie. Quant à moi, je reste avec ces compagnons, car je suis né pour le mal.

— Seigneur, dit le varlet, jamais homme ne fit telle courtoisie à pauvre messager. (239)

(217) Le messager donne de l'éperon au coursier de Syrie, et bientôt rencontre Butor entouré de vingt chevaliers, avec lesquels il s'était avancé à sa rencontre. Le messager lui fait savoir que ses barons désapprouvent sa résolution d'envoyer son enfant aux fées, car c'est l'exposer à être tué par quelque animal féroce.

(297) Butor, loin d'être dissuadé, persiste fortement.

— Quoi qu'ils en pensent, dit-il, mon fils sera porté, car cela lui vaudra biens et honneurs. Mais dis-moi, viendront-ils aujourd'hui?

— Sire, répond le varlet, chacun s'apprêtait, personne ne refusait, mais tous s'inquiétaient pour votre enfant, car ils craignent qu'il périsse, et si cela arrivait, certes avant trois jours ma dame affolerait de douleur. (310)

—C'est vrai, dit Butor, et à moi-même bientôt de mon corps la vie partirait. Mais que Dieu nous préserve. (314)

Le messager raconte ensuite son aventure dans la forêt et la générosité de Morgadas de Tarsie, le cousin germain de son seigneur. (352)

Puis tous retournent au château pour dîner. (375) Le dîner fut noblement servi. Mais, pour Butor, rien de ce qu'on lui servait ne lui plaisait, car il ne pensait qu'à envoyer son enfant à la Fontaine pour qu'il eût bonne aventure, et cela le rendait soucieux. (430)

(431) Un messager vient annoncer que les cent barons approchent. Butor, le dîner fini, monte à cheval et, accompagné de ses chevaliers, se porte à leur rencontre. (475)

(476) Il n'alla pas loin sans trouver les venants. A la vue de leur seigneur ceux-ci mirent pied à terre, le saluèrent et lui rendirent honneur ; puis fort courtoisement lui demandèrent pourquoi il les avait mandés (489)

—Pour Dieu, leur dit Butor, de vous je veux prendre conseil. (490)

De ma jonne moillier[4] ai un moult bel enfant
Et si n'a pas troys jors qu'elle en ot travail tant
Qu'onc dame n'en ot plus entretout son vivant.
Or le veu ge envoyer au bois de Bersillant ;
Une fontaine y a belle et clere et luissant ;
Et sachiez por certain qu'il i a repair grant
De fées seulement qui y vont esbatant.
Or i pourroit cheoir aventure plaissant,
Et destinée aussi noble et moult souffissant.
Distes moi vos conseil a un brief mot errant[5]. » (502)

(503) « Seigneur, lui répond Bruiant, un chevalier que Butor estimait comme le plus prudent, Seigneur à quoi donc pensez-vous ?

Je suis certain que vous allez tout radotant,

vous n'avez ni sens ni raison, que vous voulez perdre votre fils nouveau-né, que nous aimons tant. Vous êtes âgé, vous avez de vastes domaines, et si l'enfant

---

[4] Jeune femme (*mulier*).
[5] Tout de suite.

périssait, qui tiendrait après vous votre vaillante cité ? Sire, nous vous prions au nom de Dieu, de ne pas attrister votre cœur. » (515)

Mais Butor, qui consultait moins pour prendre avis que pour recevoir approbation, s'entête. « C'est ma résolution, dit-il, quoi que vous en pensiez, de l'y envoyer avant qu'il soit demain, car je sais qu'on y obtient des sorts qui peuvent nous mener à grand honneur et profit ; à la grâce de Dieu, nous l'y enverrons ! » (525)

Les barons ne résistent pas et promettent d'accomplir le bon plaisir de leur seigneur, bien qu'ils redoutent un malheur pour l'enfant (533) — (534) Tous ensemble reprennent le chemin du château. Butor était plein de joie en pensant que son fils allait être porté au lieu

> Où li repairs estoit des fées amoureus (*bienveillantes*)
> qui lui donneraient esprit, sagesse, bravoure.

(555) Butor a brisé la résistance des barons, mais ce n'est pas tout, il lui faut obtenir aussi le consentement de la dame, et avec elle il procède avec plus de ménagement. Étant donc entré en ses chambres, il la complimente et la plaint d'abord, car elle était bien souffrante ; puis abordant le sujet, il procède par insinuation. « Belle sœur, lui dit-il, je ne déguiserai rien, et sans plus tarder je veux connaître votre intention » ; et il lui tient ce discours monotone à la vérité, mais de rime agaçante,

> 562 « Il a des lieus faés aux marches[6] de Champaigne,
> Et aussi en a il en la Roche grifaigne[7],
> Et si croy qu'il en a aussi en Alemaigne
> Et ou bois de Bersillant par desous la montaigne,
> Et nonporquant aussi en a il en Espaigne ;
> Et tout cil lieu faé sont Artu de Bretaigne[8]. (567)

—(568) Oh ! sans doute, répond la dame sa *compaigne*, le roi Artus de Bretaigne a beaucoup de lieux-faés ; mais à quel propos, sire, me contez-vous cela ? (571)

—Dame, dit Butor, hier vous mîtes au monde notre commun fils ; s'il plaît à

---

[6] Marches = frontières.
[7] Grifaigne = sauvage, dure.
[8] Le roi Artus était roi des Fées ; il était naturel que les lieux-fées fussent sous sa dépendance.

Dieu, il sera vaillant chevalier, et, après nous, tiendra nos domaines. Pour Dieu, je vous prie de m'accorder un don; mais si ma demande ne vous agrée, eh bien! qu'elle soit nulle.

— Sire, répond la dame, demandez d'abord, et si votre demande n'est pas trop blessante, ni contraire à l'honneur et à la raison, ce qui ne peut être venant de vous, je vous l'accorderai vraiment. (583)

— Dame, je vous prie que vous me donniez votre fils, et par cette nuit sereine je le ferai porter à la Fontaine au bois de Bersillant, car il lui en peut échoir grand honneur; cette demande, je crois, n'est pas un outrage, car j'aimerais mieux être noyé en Seine, brûlé on pendu plutôt que de laisser périr mon enfant. (594)

— Votre dessin m'anéantit et me tue, répond la dame, tant il me cause de douleur; ce sera la perte de mon enfant. (599)

Butor proteste, prie et supplie. Enfin, pour étouffer la résistance de la dame, il se fait valoir auprès d'elle, et en bon égoïste lui rappelle ses bienfaits; et il en est encore à obtenir d'elle une première faveur.

«Quand vous estes de moy honorée et servie
Refuser ne devez ceste première fie (*fois*).» (613)

Enfin, tout en gémissant la dame laisse emporter l'enfant, mais recommande bien qu'on en prenne grand soin. «Cher ami, dit-elle à Butor, rapportez-le-moi sain et sauf aujourd'hui.» — «Dame, répond Butor, fiez-vous à moi, vous le reverrez aujourd'hui avant qu'il soit tard.»

L'enfant, bien enveloppé de précieuses étoffes d'or et de soie ouvrées en pays sarrazin, fut donc emporté de la chambre. On attendit que la nuit fut venue. (633)

Butor alors assemble ses chevaliers, et leur dit: «Seigneurs, il n'y a nul parmi vous qui ne soit de mes sujets et qui ne m'ait promis hommage et fidélité. Or, voyez ce petit enfant, hier au soir ma femme le mit au monde, elle consent que j'en fasse à ma volonté. Il faut qu'aujourd'hui il soit à la Fontaine de Bersillant porté, mais faites-lui bonne garde.» (644) — «Qu'on me fasse cruellement mourir, s'écrie Bruiant, d'Inde majeure, si je ne rapporte ici votre enfant, et s'il a plus de mal que vous ne lui en voyez.» (655) Après Bruiant, un autre chevalier dit qu'il prendra l'enfant dans ses bras, qu'il le portera à la fontaine, qu'il se tiendra tout auprès pour entendre les destinées que lui feront les fées, puis qu'il le rapportera à Butor.

A ces mots, celui-ci est transporté de joie. «C'est au soin qu'on mettra à garder l'enfant, dit-il, et à me raconter les dons des fées, que je reconnaîtrai qui m'aime le mieux. » — « Que, celui qui l'enfant perdra, répond le chevalier, ou ne le saura bien garder, soit pendu aussi haut que jamais oiseau vola. » (675)

(676) Butor prend l'enfant aux bras de la nourrice et le remet à Bruiant et à l'autre chevalier qui était fort riche, car il était, dit-on, roi de Grèce ou prince de la Liche (*Laodicée*, P. Meier[9]).

> « Nous vous promettons, disent les deux nobles barons,
> Que jamais au chastel ne serons retournant
> S'aura vos fils esté ou bois de Bersillant,
> Par desous la fontaine et le gravier corant. » (690)

— Allez, leur dit Butor, et menez avec vous bonne escorte de chevaliers pour le bien garder, car il en est grand besoin. (693)

Un sergent et trente chevaliers déterminés prennent leurs armes ; et il n'y en avait aucun qui n'eût cuirasse, pans et bras, écu et épée tranchante, bacinet[10] et visière. Ensuite les écuyers s'armèrent et chacun avait son destrier.

La troupe sort du castel pas à pas chevauchant. Quand ils furent dehors, Butor en une dernière recommandation adjure les chevaliers qui portaient l'enfant, de le garder avec grand soin.

> Je vous requier por Dieu, le pere tout puissant,
> Que bien gardez mon fils : c'est quanque[11] j'ai vaillant.
> Vous savez que ma fame en a le cœur dolant,
> Mais s'il plaît a Jhesu joie en aura plus grant.
> Dont s'en alla Butor ou chastel soupirant,
> Où la dame trouva ses deux poins détordant ;
> A son povoir l'ala Butor reconfortant. (713)

II

(711) Bruiant porte l'enfant dans ses bras, quatre chevaliers sont à ses côtés, et la troupe arrive à l'entrée du bois. Sur l'avis de Bruiant, quatre d'entre eux pénétreront seuls jusqu'au lieu-faé, les autres garderont les passages de la grande forêt. (740)

---

[9] Voyez *Appendice B*.
[10] Bacinet, sorte de casque.
[11] Tout ce que.

(741) Mais bientôt voilà que dans le bois se font entendre les cris d'une femme. Bruiant, ayant confié l'enfant à ses trois compagnons, s'avance à sa découverte et la joint bientôt. (748) Près d'elle était étendu un chevalier baigné dans son sang, et dont le corps était couvert de blessures.

— Dame, lui dit Bruiant, qui donc a si vilainement occis ce chevalier ?

— C'est, répondit-elle, le chevalier qui ne prend jamais à rançon celui qu'il a renversé. (762)

Bruiant se propose à la dame pour lui venir en aide. Il vent poursuivre le meurtrier et venger la mort de son mari.

— Ce serait peine perdue, lui dit elle, car il est à plus de quatre lieues ; laissez-moi gémir sur le corps de mon seigneur. (773)

Mais ce n'est pas tout. La dame apprend à Bruiant qu'elle avait apporté son enfant pour obtenir dons et honneur, et recevoir heureuse destinée et pendant que son seigneur combattait contre le félon chevalier, voilà qu'un serpent cruel est venu étrangler l'enfant. « Pour Dieu, sire, laissez-moi, car je veux rester ici et y mourir. »

L'âme de Bruiant s'émeut de pitié, et il dit à la dame : « Pour Dieu, ne vous désespérez pas. J'ai maintenant certaine affaire, mais bientôt je reviendrai. » (798)

Bruiant s'éloigne donc de la dame, et s'en va rejoindre ses trois compagnons là où il les avait laissés avec le petit enfant ; il le leur reprit, mais le malheur arrivé à la dame dans la forêt le remplissait de crainte. (807)

A la longue de cheminer dans la grande Bersillant, ils finissent par entendre le bruit du ruisseau, et découvrent la Fontaine. L'heure attendue approchait. Ils continuent de chevaucher le long du ruisseau, et aperçoivent un beau grand châtaignier, proche de la Fontaine, où maintes fois on a vu les fées s'assembler. Ils s'arrêtent à l'arbre, descendent de cheval, déposent l'enfant sur un oreiller et s'asseyent auprès. (838)

Bruiant profite de ce temps de repos pour adresser à la Vierge reine une fervente prière. Qu'elle accorde à l'enfant de favorables dons pour qu'il devienne l'honneur de sa race, et que Dieu le préserve cette nuit de l'atteinte des bêtes sauvages. (853)

(854) « Maintenant, dit Bruiant, il est temps de nous mettre à l'écart, cachons-nous dans l'ombre, entrons dans le bois sans nous trop éloigner, car si l'enfant venait à nous être enlevé, nous serions certainement pendus. Mais si nous le rapportons sain et sauf, avec d'heureuses destinées, nous n'y perdrons rien. Mettons-nous en lieu propice pour bien observer. » (871)

886   Ils laissièrent l'enfant delès la fontenelle

Qui fu clere c'argent ou fons de la gravelle ;
Dont l'iave descendoit merveilleusement belle,
Onques si clers ne fu vis argent qui sautelle,
Car la fontaine estoit luissant comme estincelle
Plus verte estoit entour que tarin qui apelle[12] ,
Et si avoit entour mainte belle flourcelle
Dont on voit le sorjon qui gentement flaielle ;
Trop miex plaist a veoir c'ouir son de vielle,
Ne qu'a baissier aussi une douce pucelle.

(896) Pendant que les quatre chevaliers sont dans une anxieuse attente, priant
Dieu qu'il garde l'enfant exposé à grand péril sur la fontaine,

902   Ils ouïrent un chant qu'une dame chantoit
Si gracieusement, que proprement sembloit
C'angles (*anges*) de paradis venissent la endroit,
Et tout en ce moument que la dame cessoit,
Une autre dame après un chant recommançoit,
Et la tierce les deux à son tour responnoit ;
Chacune main à main à l'arbre s'en venoit,
Et adès (*toujours*) en chantant le sien cuer déduissoit.
A la fontaine ainsi chacune s'en venoit.

911   A l'arbre vindrent tost les dames gracieuses,
Qui très parfaitement estoient amoureuses (*aimables*)
Qui de toute bonté estoient vertueuses,
En bien et en honnour et en sens plentureuses,
Et de bien faire adès étaient désireuses,
Et des vices fuïr estoient convoiteuses,
Et en deduit mener estoient gaieteuses,
Et de biaux dons donner estoient moult soigneuses.
Et quant li chevalier les virent si jouieuses,

920   Et en toute honnesté parfaitement soigneuses,
Ils dirent en leurs cuers : Elles sont gracieuses,
Et s'apert vraiement qu'elles sont amoureuses.

---

[12] Tarin, petit oiseau au vert plumage.

Les dames dont je di si estoient faées.
Qui si noblement estoient asesmées (*arrangées*)
Leur cors furent plus blanc que n'est noif (*neige*) sor gelée,
Et si très chièrement estoient atournées ;
Car de couronnes d'or furent toutes dorées,
Et de blans dras de soie estoient aournées ;
En mi de la poitrine estoient escollées.
930   Se uns hom eüst erré deux cent mile journées
Ne fussent point par li trois plus belles trouvées,
Et s'eüst conversé en cent mile contrées.
Et quand des chevaliers furent bien avisées,
Leur courage mua et toutes leurs pensées,
A celle fin que d'eus furent moult désirées
Pour la beauté de quoy elles furent parées.

(937) Quand les dames aperçurent l'enfant près de la fontaine, elles dirent toutes trois :

—C'est chose certaine, cet enfant est né cette semaine. »

—Dieu m'aide, vous dites vrai, reprit la maîtresse qui était altière, c'est un nouveau-né.

La seconde dit : « Dame il a eu bien de la peine à venir ici, faites-lui quelque bien ; donnez-lui beauté et tout avantage, sinon, par Dieu, il aura de moi si excellente courtoisie qu'on en parlera jusqu'aux rives de la Seine. Pour Dieu, soyez bienveillante ; il mérite bien de vous quelque faveur, ne refusez pas, je vous en supplie, dame souveraine. »

(955) « Par moi, il sera étrenné, continua la seconde, je lui octroie toute beauté ; et il sera si bien doté qu'on pourra dire partout qu'il est né à la bonne heure ; je veux qu'il soit redouté pour sa vaillance en guerre, en tournois ; et que de tous il soit grandement honoré, car je crois qu'il est de bonne race. Dame, pour Dieu, traitez-le généreusement ; mon présent est petit, pour Dieu, ajoutez-y, car plus que moi vous avez le pouvoir de bien faire. »

(969) —« Dame, répond la maîtresse, c'est avoir peu de sens que de faire avant moi un présent à cet enfant ; en dépit de vous je veux qu'il soit mendiant d'amie en sa jeunesse, et que la dame à qui la première il donnera son cœur n'ait talent de l'aimer. Que jamais je ne sois dame d'enchantement, et que je ne puisse revoir Artur et sa cour s'il n'éprouve en amour peines et tourments. Je le baptise d'un nom, ce sera Tristan le renouvelé. » (983)

— « Dame, dit la troisième, ne vous irritez pas si je fais à cet enfant quelque courtoisie ; ma peine sera bien employée, car il est sorti de haute lignée. Je veux prendre soin de le nourrir et de l'habiller, et lui venir en aide en tous ses besoins jusqu'à ce qu'il soit d'âge d'avoir une amie ; et puisque vous lui préparez des chagrins en amour je serai avec lui pour lui faire oublier sa douleur. » (1003)

— « Dame, reprit la primeraine, je vois que vous aimez l'enfant. Si j'eusse voulu, il eût obtenu de moi grand bonheur, mais je n'en prends souci. Qu'il reçoive donc tout ce que vous lui avez octroyé, qu'il soit riche et exempt de maladies, moi je maintiens ce que je lui ai dévolu. » (1011)

— « Dame, dit la troisième, faites à votre volonté, car moi je puis le douer assez avantageusement pour qu'il n'ait guère à se mettre en peine de votre pouvoir. » (1014)

— « Comment, Dame, réplique la maîtresse, avez-vous un manoir où vous le pourrez toujours garder ? En dépit de vous deux, je lui donnerai le plus sot amour que je pourrai savoir. » (1018)

— « Dame, dit la seconde, votre cœur peut se courroucer, mais l'enfant n'en doit pas être malheureux. »

— « Vous m'avez fait grande peine, répond la maîtresse, c'est pour cela que je lui ai donné telle destinée. J'avais tristesse, cela l'a dissipée. Bien plus ; son amour sera si sot que sa dame le congédiera bientôt pour se livrer à un vilain vieux bossu qu'elle épousera, et il en sera plus fou que s'il l'avait tuée. » (1032)

— « Dame, dit la troisième, êtes-vous forcenée ? Vous perdez la raison. Ayez pitié de lui ; désormais nous ne vous aimerons plus, car votre méchanceté est trop démontrée. Sachez qu'après cet amour malheureux je lui donnerai la plus belle amie qui jamais soit née sur terre. Or faites à votre plaisir, moi je ferai à mon idée. » (1044)

Ainsi se tançaient les fées auprès de la fontaine, à cause des destinées de l'enfant, mais tout en se gourmandant, elles le regardaient avec amour, et le baisaient tendrement ; elles pensaient en elles-mêmes que leurs dons étaient de bien petite valeur et le regrettaient. (1057)

Après qu'elles furent longtemps restées là, la maîtresse dit :

— « Dames, il faut à présent que nous nous en allions ; que chacune se mette à accomplir le don qu'elle a octroyé, ce n'est pas à moi de commencer ; mais l'enfant s'apercevra bien, plus tard, pourquoi il est nommé le Nouveau Tristan : il aimera et ne sera point aimé, et il mendiera son premier amour. » (1065)

— « Dame, dit la troisième, ce qui lui manquera d'un côté, il le recouvrera de l'autre. Les dons que vous faites sont si grands, que rien n'y peuvent celles qui vous sont inférieures. Si donc vous avez bien fait, persévérez. Peut-être vous en repentirez-vous, car s'il vit longtemps il sera si vaillant que du sort que vous lui avez dévolu il ne se mettra guère en peine. Mais pour Dieu, s'il vous avient de rencontrer enfants quelque part, soyez moins altière, car plus dame est haute et puissante, plus elle doit être à tous compatissante, et celle qui ne fait ainsi reste en défaut. Pour cet enfant, il est si riant et si doux qu'il n'est cœur si fier qui ne soit attiré vers lui. » (1080)

— « Dame, dit la maîtresse, aurons-nous paix aujourd'hui ? Est-il temps de nous en aller, resterons-nous ici ? Sachez que si mes dons n'étaient faits, à cause de vos paroles encore aurait-il pis. Puisque vous le voulez, il sera parfait comme un dieu, mais en dépit de vous, je ne le verrai jamais. » (1090)

- « Dame, il n'en prendra guère souci, et bien supportera le faix. »

Quand les dames eurent dit tout ce qu'elles voulaient, la troisième enveloppa l'enfant dans ses langes de soie, lui passa au doigt un petit anneau d'or, puis le baisa quatre fois avec amour, le recommanda à Dieu et pleura tendrement en le laissant [13]. (1110)

— « Dame, dit la maîtresse, il vous a enchantée, il y a entre vous deux grande amitié, et vous en ferez, je crois, votre privé. »

— « Dame, ne vous importe si je l'aime. S'il plaît à Dieu, il aura mieux que vous ne lui avez destiné. Retirons-nous, il est temps, car voici l'heure où le coq va bientôt chanter. »

Mais celle dont le cœur était énamouré du petit enfant tournait les yeux vers lui tant qu'elle le put voir, et soupira maintes fois en s'éloignant. (1122)

Les dames prirent ainsi congé de l'enfant, chacune lui ayant fait un don avantageux, sauf la maîtresse qui en fit un bien mauvais, dont par la suite il eut bien à souffrir ; elles le laissèrent au bord du ruisseau tout près de la fontaine, sous un beau châtaignier. (1130)

III

Les chevaliers ont vu les dames disparaître. Le coq va bientôt chanter, disent-ils, allons vite reprendre notre fils, car s'il survenait un lion, ce lion le pourrait étrangler. (1138)

Ils emportent donc l'enfant, et le cœur joyeux chevauchent à travers la forêt. Bruiant était tout attristé au souvenir de la dame qui faisait si grand deuil de son seigneur, mais le soin qu'il prenait de l'enfant la lui fit bientôt oublier.

---

[13] Voyez *Appendice C.*

19

Ils rejoignent leurs gens, et prennent la route du château. Butor s'était porté à leur rencontre avec nombreuse escorte de ses vassaux et des bourgeois de la ville ; plus de quatre cents torches éclairent le cortège, les cloches sonnent. Butor en apercevant Bruiant s'avance vers lui et l'embrasse. Enfin, on rentre au château où grande fut l'allégresse ; la dame, en apprenant l'heureux retour, se pâme de joie, car grandes avaient été ses craintes. (1204)

Quand la foule se fut retirée, Butor, les bras ouverts, vint à Bruiant et lui dit : «Ami, qu'est-il arrivé au bois de Bersillant ? Ne me cachez rien, dites-le bien haut pour que cela soit entendu de tous. Je veux savoir si je suis déçu et si j'ai follement agi.» (1221)

—Sire, dit Bruiant, il est bien vrai que par cette nuit si claire nous pénétrâmes dans cette antique forêt de Bersiliant qui est longue, large, épaisse et bien feuillue. Nous étions bien cent de vos chevaliers. Accompagné de trois d'entre eux, j'ai porté votre fils en une prairie, sous un châtaignier. Là,

> Une fontaine y a qui est gente et jolie,
> Plus clère c'uns argens ne c'or qui reflambie,
> Onques ne vi plus belle en nul jour de ma vie,
> Et crois que li lieus sont ouvrés par faierie,
> Car ce semble fins or quand le sourjons ondie,

et qui aurait mélancolie, en serait bientôt délivré, s'il la regardait avec attention.

(1250) «Nous rentrâmes dans la forêt et attendîmes ; bientôt,

> J'ouï dedens le bois une dame chantant
> Qui gaiement chantoit un très amoureux chant.

«Après elle une autre recommençait, et la troisième ensuite leur allait répondant. Elles s'approchèrent du châtaignier en se tenant par la main. Chacune portait sur la tête une magnifique couronne d'or ; je ne sais nulle dame en ce monde aussi belle que celle qui me semblait la moins belle.

«Elles furent étonnées de trouver un enfant étendu sur le gravier courant. Elles allèrent s'asseoir près de lui, et il en aura honneur et profit comme jamais aucun homme en ce monde n'en a obtenu.» (1275)

A ces mots Butor soupire, et de joie tombe en pâmoison. Les quatre chevaliers le relèvent, et il revient à lui. «Loyal Bruiant, dit-il alors, va plus vite, car en vérité ton récit est trop lent.» (1281)

(1285) «L'une d'elles, reprend Bruiant, la seconde en puissance, dit qu'il aurait beauté et honneur, et que nul ne serait plus valeureux à la guerre et dans les tournois, il réussira dans toutes ses entreprises, et jamais homme n'aura été à son égal doté de biens et d'honneur.».

— «Que Dieu en soit loué! » s'écrie Butor. (1294)

— «Hélas, continue Bruiant, la plus puissante des trois lui fit un mauvais présent, qui, j'espère, ne sera pas de longue durée ; il sera amoureux, mais il sera mendiant d'amie. Pour son premier amour, elle ne lui destina que chagrins et ennuis ; elle lui donnera le plus sot amour qu'elle trouvera. »

Mais de cette infortune Butor ne s'afflige que très modérément. Est-ce donc là si grand malheur ? dit-il. (1315)

(1323) «La troisième, poursuit Bruiant, lui fit un don qui rendra vaine cette menace, car elle promit de l'aider en tous ses périls, de le nourrir et d'en prendre soin jusqu'au moment où il viendra à désirer une amie ; et cette promesse nous réconforta. Puis, elle lui passa au doigt un anneau de l'or le plus fin, le baisa quatre fois et le recommanda à Dieu. Mais la maîtresse pour lui faire de la peine assura

C'uns viex vilain boçu sa mie espousera

et qu'elle le congédiera sans raison. Ainsi, elle ne lui présagea que des malheurs en amour. » (1343)

Quand Bruiant eut terminé son récit, dans tout le château on ne parla que de l'aventure ; la nouvelle en arriva même jusqu'à la dame qui derechef s'en pâma de joie. (1354)

(1381) L'enfant fut baptisé en grande pompe ; Bruiant lui donna le nom de Bruns. C'est un fier nom, dit-il, car Bruns vient de Butor, que chacun doit redouter. (1462)

(1511) La dame mande ensuite son seigneur pour qu'il lui apprenne ce qui s'est passé à la fontaine de Bersillant. «Dame, dit Butor, vous savez qu'hier soir, quand la nuit fut venue, j'envoyai une bonne partie de mes chevaliers porter l'enfant au bois de Bersillant où il y a souvent *repair de faierie*. (1539) Quatre d'entre eux allèrent le déposer

Desus une fontaine assés gaie et jolie,
Dont la gravelle estoit noble et ……;
Et s'i avoit entour mainte flour espanie,
Et bouloit li sourjons par moult grant melodie.

Onques chose ne fu de li miex agencie :
Il sembloit qu'elle fust toute d'orfaverie
Tant estoit bien ouvrée et gentement polie.

«Au nom de Jésus-Christ et de la Vierge Marie, ils laissèrent l'enfant près de la Fontaine qui plus est claire que l'eau de Seine»; et Butor achève de répéter à la dame, en abrégé, le récit de Bruiant. (1647)

IV

La dame déclare qu'elle ne peut nourrir l'enfant, car elle n'a point de lait. Ayons une nourrice, dit-elle, pour nourrir notre gentil Brun de la Montagne. (1872)

(1874) Pendant que l'on s'entretient à ce sujet, voilà qu'à la porte du castel se présente une belle dame montée sur un palefroi, et accompagnée d'un page. Elle était gaie, jolie, jeune, d'un air noble et de corps bien taillée. Elle demande à être introduite, et sitôt qu'elle fut dans la salle, elle dit à Butor : (1905) «Sire, je vous prie de me garder dans votre château, car je suis gentitz fame et de haute lignée ; je suis partie de mon pays il n'y a pas encore trois jours ; mon seigneur a perdu la vie, et j'avais un enfant que je nourrissais et qui est mort lui aussi ; je viens vers vous, car on m'a assurée que votre épouse est accouchée hier en la nuit. » (1915)

— (1916) Dame, soyez la bienvenue, répondit Butor ; en effet, un petit enfant nous est né, et vous serez retenue pour le soigner. Vous prendrez les vêtements de ma femme, car plus belle que vous ne peut être vue. »

Quand les chevaliers virent la dame, il n'y eut si vieux à qui le sang ne s'agite, à qui le cœur ne batte,

Car ce c'om pot veoir de sa char toute nue
Estoit plus blanc que neige en un pré estandue.
Chacun des chevaliers fut pris pour sa biauté,
Bachelier, jouvencel et tout li marié,

et chacun au castel eût bien voulu l'avoir pour amie. (1931)

(1935) Butor présente à sa femme la nouvelle arrivée.

«Dieu dans sa bonté, dit-il, pour nourrice de notre enfant nous envoie mieux que nous n'eussions jamais pu trouver. ».

— Est-il bien vrai ? reprit la dame.

—Oui, répond Butor, jamais ne vis plus belle ; votre chambre resplendit de sa beauté ; elle est digne d'être une grande reine. (1947)

« Mais or le regardez, comme a couleur sanguine !
Comme elle a bel viaire (*visage*), et de biauté roïne !
Je suis tretous certains que la vertu divine
A tout mis son pouvoir à li faire enterine (*parfaite*)
Mais regardez quel corps, du chief jusqu'à l'eschine !
Et regardez aussi son col et sa poitrine :
Il est plus blanc cent fois que florie aubespine. » (1955)

(1957) La dame la trouve belle et gente, et engage Butor à lui demander si elle accepte de soigner l'enfant ; et si elle y consent, ajoute-t-elle, récompensez-la généreusement, sire, achetez-lui bourgs, villes et châteaux.

La proposition faite, la nouvelle arrivée l'accepte. « Plus de cinq cents fois merci, dit Butor, et puisqu'il vous plaît que mon fils soit nourri de votre corps, je vous donnerai tout ce que vous voudrez. » (1991)

(1992) La fée (car c'était elle) ayant été agréée comme nourrice par la dame, emporte l'enfant dans une chambre où il y avait deux lits, et ayant bien fermé la porte au verrou, pour que nul homme n'y pût entrer, elle déshabille l'enfant qui lui faisait risette. Elle reconnut l'anneau d'or qu'elle lui avait passé au doigt, et son cœur en fut rempli de joie. Elle le réchauffa devant un bon feu, puis de ses belles mains l'emmaillota dans des langes brodés d'or, le baisa et l'endormit en chantant. Quand elle l'eut couché, elle s'en alla bien vite en la forêt de Bersillant ; elle revint dans la journée, et soigna ainsi l'enfant mainte année. (2020)

Le poète raconte ensuite les fêtes qui furent données au château en l'honneur de la dame : danses, festins, tournoi. Dans celui-ci, les chevaliers trouvent l'occasion de montrer leur valeur, malheureusement Bruiant est grièvement blessé par Butor qui joute contre lui, et il ne tardera pas à en mourir. Ici le poète annonce que cette mort sera plus tard l'occasion d'une guerre entre Hermant le fils de Bruiant et Brun de la Montagne, guerre dont les champs de Bersillant furent le théâtre et qui finit par la mort d'Hermant que Brun tua de son épée. (2142)

Les fêtes finies, Butor et la dame offrent aux barons de riches présents pour l'honneur qu'ils leur avaient fait en venant. Quant à Bruiant d'Ynde Majeure (2573), Butor lui donna cent marcs d'or et quatre destriers. « Ma femme, lui dit-il, vous en donne autant pour avoir gardé son enfant. » (2639)

Puis les barons prennent le chemin de leurs terres. Butor les convoya jusqu'au bois de Bersillant. Là, Bruiant fait à son seigneur de tristes adieux. « Je ne vous verrai plus, dit-il, je suis si rompu que je vais mourir avant d'être revenu dans ma terre, sans revoir mon épouse et mes fils. » (2708) — Butor soupire et verse des larmes, et l'ayant recommandé à Dieu ainsi que les autres barons, il les laisse continuer leur route, tandis qu'avec ses gens il chevauche par l'antique forêt et regagne la Montagne.

Pendant ce temps, Bruiant trépasse au milieu de ses gens, et ceux-ci rapportèrent son corps en sa terre. (2743)

V

(2785) C'était un grand damoiseau que Brun, lorsqu'il eut atteint quinze ans. Dès que la fée qui l'avait nourri s'aperçut qu'il commençait à aimer, elle lui dit : « Gentil damoiseau, le temps est venu auquel vous penserez à aimer ; celle à qui vous donnerez votre amour vous causera bien des chagrins. Mon très doux fils, je prends congé de vous jusqu'au temps où finira ce premier amour (2800) ; il durera dix ans ; pendant cette épreuve je ne faillirai point à venir vous réconforter en toute occasion, mais je ne puis désormais demeurer avec vous. » (2821)

— « Dame, répondit Brun, puisque vous avez pris congé de moi, je vous donne ma foi qu'avant qu'il soit mardi je m'en irai après vous. » (2817)

La dame l'engage à rester avec ses parents et lui donne de sages avis. Puis, ils se font de tendres adieux ; enfin, la dame en pleurs se sépare du jeune homme et disparaît à ses yeux. (2874)

(2875) Brun annonce à ses parents sa volonté de les quitter, pour aller jusqu'à ce qu'il retrouve la fée, sa meilleure et sa plus belle amie, sa mère de lait. Malgré les douces remontrances de son père, malgré la douleur qu'il cause au sire et à la dame, Brun persiste dans sa résolution. — Rien donc ne pouvant retenir son fils, Butor, dans sa tendresse, l'équipe d'une manière digne de son rang. (3010)

Brun fait ses adieux au sire et à la dame, et enfin s'éloigne. Chacun fut bien triste à cette séparation. (3065)

Brun de la Montagne s'enfonce dans Bersillant et y chevauche sans s'arrêter. Il finit par entendre le bruit de la Fontaine où son père le fit porter à sa naissance. Sous un arbre, près de la Fontaine, il aperçoit, assise, une dame gente et belle ; il se dirige vers elle et la reconnaît. (3106)

La dame aussi bien l'avait reconnu. « Beau fils, lui dit-elle, soyez le bienvenu ! Que vous tardez de venir ! Je vous attendais depuis longtemps ! » (3112)

— « Mère, répond Brun, j'étais retenu près de mon père et de ma mère, que j'ai laissés bien chagrins, et j'ai eu bien de la peine à partir de la Montagne. En-

24

fin, j'ai pu les quitter. Loué soit Jésus qui a dirigé mes pas de ce côté! Ce m'est grande joie de vous retrouver. »

La dame lui dit : «Mon fils, voici la fontaine où de longs chagrins te furent départis : sois patient, et n'aie pas un désir qui ne tende à honneur. » (3128)

Elle ajouta d'autres sages avis, d'être loyal en amour, de défendre les dames, de soutenir les droits de son seigneur.

Et Brun mettait en son cœur tout ce que la dame lui recommandait sous le châtaignier de la fontaine, au bois de Bersillant. (3152)

Enfin, ils se séparent après maints baisers. (3201)

(3205) Brun n'avait encore que peu cheminé dans le bois, quand il rencontra un messager fort bien équipé. «L'Ami, lui dit-il, au cheval que tu montes tu dois être, je pense, au service d'un roi. » (3220)

— «Seigneur, lui répond le varlet, je suis messager d'un puissant prince :

Sachez mes maistres est de sur tous souverains,
Car il n'i a ne Grieu ne Lutis ne Caldains
Qui n'i facent hommage et de pies et de mains.
.... Je suis au roi Artu
Qui est roi des Faés, et s'a tant de vertu
Que tuit bien sont en lui pleinement contenu. » (3239)

Brun sort ensuite de Bersillant et s'en va au château de Morgane la fée. Le reste du fragment qui s'interrompt au vers 3926 ne contient plus rien qui ait rapport à notre sujet.

APPENDICE

A.   PRÉSENTATION AUX FÉES

Le Roux de Lincy (*Introduct. au Livre des Légendes*, p. 180) et quelques antiquaires ont pris occasion de ce passage et de l'épisode de Brun présenté aux fées pour prétendre que c'était une coutume, au Moyen Age, d'envoyer les nouveau-nés aux fées. « L'usage de porter les nouveau-nés auprès de la fontaine où les fées conversaient, a dû bien certainement exister, » dit M. P. Meyer (Préface de *Brun*, p. xii). Cependant, comme l'aventure était jugée périlleuse, on peut douter que, même chez les grands, elle ait été souvent mise à exécution. Cette rencontre que fait Bruiant à l'entrée du bois de Bersillant, de la dame éplorée qui reste à gémir devant le corps de son seigneur tué par un félon chevalier, et devant celui de son enfant qu'elle avait porté à la fontaine pour être doté par les fées, et qu'un serpent a surpris et étranglé, cette rencontre, dis-je, a certainement été imaginée par le poète comme preuve des dangers auxquels on était exposé dans de semblables expéditions.

B.   ORIENTAUX EN BERSILLANT

On ne s'explique guère le besoin qu'avait le poète, dans cet épisode qu'il place tout entier en Bersillant, de faire intervenir d'une façon tout à fait invraisemblable les pays orientaux.

Ainsi, le bon cousin Morgadas est natif de Tarsie ; le cheval qu'il donne au pauvre messager est un cheval de Syrie.

Bruiant est d'Ynde majeure (614, 2573). Un autre vassal de Butor est donné comme roi de Grèce et prince de la Liche (*Laodicée*, P. Meyer) (682). Gondrès le Breton, un des trois chevaliers qui avec Bruiant escortent et gardent le nouveau-né à la Fontaine de Bersillant, est donné comme natif de Luytie, pays qu'on serait tenté de prendre pour la Lycie, en Asie Mineure (1233). Les quatre chevaliers sont eux-mêmes montés sur des chevaux de Syrie (1234).

C. PIEUX LANGAGE

On aura sans doute remarqué le pieux langage que le poète prête aux fées, et qui est en contradiction avec la nature satanique qu'on veut leur attribuer, mais à tort, croyons-nous. Ici loin de parler comme des damnées, maudissant et blasphémant Dieu, trépignant et se livrant à des accès de rage, rien qu'à entendre son nom, elles l'invoquent au contraire dévotement, elles l'appellent à leur aide comme d'angéliques filles de la Sainte Église.

Butor lui-même ne pense point faire œuvre impie, ni méritant la colère du ciel en envoyant son fils à la Fontaine des Fées, puisque, dit-il, « S'il plaît à Jésus, elle (la dame) en aura joie plus grande. » (vers 710) Et Bruiant à son tour avant d'abandonner l'enfant près de la Fontaine invoque la Vierge reine (vers 841) pour qu'elle soit propice au nouveau-né, et que celui-ci reçoive des fées des dons favorables. Il semble croire qu'elle n'est que coopératrice des fées.

Enfin plus loin (vers 1374) Butor exprime l'espoir que Dieu et la Vierge Marie ont donné leur consentement aux dons accordés par les fées. Puis racontant l'aventure à la dame, il lui dit que c'est au nom de Jésus-Christ et de la Vierge Marie que les chevaliers ont déposé l'enfant à la Fontaine des Fées (1552), etc.

Il me semble donc bien démontré que dans l'esprit du trouvère, les fées sont loin d'être des réprouvées, et que leur puissance émane de Dieu et non point du Démon.

LE ROMAN DE MERLIN

Nous voici maintenant arrivés à l'œuvre littéraire la plus remarquable, ou du moins la plus connue et la plus intéressante, qu'ait produite la légende du Barde breton : c'est le *Roman de Merlin*, composé en prose française par Robert de Borron à la fin du douzième siècle. Mais quels embellissements l'auteur français a-t-il apportés aux données primitives, quelle métamorphose il a fait subir au personnage, surtout dans la dernière partie de l'œuvre !

Ici, ce n'est plus ce lamentable vieillard dont la misère excite une réelle compassion ; cet infortuné dément que pourchassent à coups de pierres, comme une bête immonde, une bande de brutaux Calédoniens ; ce n'est même pas ce repos après l'épreuve, cette religieuse contemplation de la nature et de la sagesse du Créateur dans ses œuvres ; ce bonheur paisible entre Ganiéda et Taliésin, la sœur compatissante et l'ami fidèle, où Geoffroi de Monmouth introduit le barde, le laissant ensuite marchant dans la voie de sanctification, et prophétisant encore les destinées des races celtiques.

Au lieu de cette existence calme, mais non dépourvue de majesté que le ciel accorde au barde en ses derniers jours, c'est un gentil et pimpant damoiseau que Robert de Borron nous présente ; il vient s'engluer dans un bonheur sans fin, une félicité sans nuage. Mais sachons-le, cette félicité est paradisiaque bien plutôt que terrestre, car outre qu'elle n'aura d'autre fin que celle de notre monde lui-même, c'est moins dans la satisfaction d'appétits charnels qu'elle consiste, que dans une jouissance contemplative, un ravissement extatique de l'âme sous les buissons fleuris de Brocéliande, parmi leurs senteurs embaumées. Le devin y reste captif près d'une compagne que la nature, les fées et lui-même s'étaient complu à faire son égale. Ganiéda, la sœur consolatrice dans la *Vita Merlini*, est devenue la mie Viviane, Viviane l'enchanteresse. Loyale et franche amante, elle se donnera entière ; en retour, il faut que Merlin lui appartienne à jamais. Lui, il se sent attiré par son inéluctable charme ; il ne peut, il ne veut résister ; il lui livre le secret par lequel il sait qu'elle le dominera ; et laissant la société des hommes et leurs vaines conventions qu'ils ont la folie de prendre pour des lois de la nature, il vient au Jardin de Joie se séquestrer à jamais en une volontaire servitude d'amour. De l'ami Taliésin, en ce séjour il n'était guère besoin, je crois, et en homme de sens, il s'est discrètement éloigné.

Quelle adaptation morale comporte ce dénouement du Merlin imaginé par Robert de Borron? — Si haut, comme Merlin, que vous vous éleviez au-dessus du reste des hommes par l'intelligence, la science et les dons de l'esprit; si détaché des appétits humains que vous soyez en apparence, la nature n'oublie point ses droits. Au cœur de l'homme, elle a allumé le sentiment d'amour; il domine tout dans la vie, on ne s'y dérobe point; elle vous ramène toujours au but pour lequel elle a mis sur la terre le monde vivant, jusqu'à ce qu'il lui plaise de poser un terme à la succession des êtres.

Dans certaines parties au moins, et notamment dans les débuts, le *Roman de Merlin* est une œuvre empreinte de mysticisme chrétien. Quelques mots disséminés çà et là nous initient à la légende du Saint-Graal, ce vase où Joseph d'Arimathie recueillit le sang qui coula de la blessure faite à Jésus en Croix, et qu'il apporta dans l'île de Bretagne.

Le *Roman de Merlin* a été imprimé en 1498 par Anthoine Vérart, en deux volumes petit in-folio, à deux colonnes de trente-cinq lignes chacune, caractères gothiques. Un troisième volume de pareil format et caractère, imprimé par le même en 1498, y fait suite, et contient les « Prophecies de Merlin » composées au XIIIe siècle par Richard de Messine. Le premier volume contient 211 feuillets, le second 172, et le troisième 152. Chacun est précédé d'une table des chapitres et est orné de quelques gravures. Il s'en est fait d'autres éditions, telles que celle imprimée à Paris par la veuve de feu Jehan Trepperel, celle imprimée à Paris en 1505 par Michel Le Noir.

En 1797, on a imprimé : *Le Roman de Merlin*, mis en bon français par Boulard, trois volumes in-12. (Maillet, *Notice sur les manuscrits de Rennes*, p. 135.)

L'auteur de *Myrdhinn*, M. de la Villemarqué, a donné dans ce livre une analyse développée du Roman de Merlin (1862). L'étude et l'analyse des Romans de Merlin et d'Arthur forment le second volume de l'ouvrage de M. Paulin Paris : *Les Romans de la Table-Ronde* (1868). MM. Gaston Paris et Jacob Ulrich ont publié en 1886 *le Roman de Merlin*, d'après un manuscrit (Huth), donnant, pour la disparition de Merlin, un récit différent de la tradition commune. Ce livre est enrichi d'une savante introduction par M. G. Paris.

Tels sont, à ma connaissance, les principaux livres imprimés donnant en entier ou en analyse le *Roman de Merlin*.

Je ne me suis point proposé de faire ici une réimpression du *Roman de Merlin*, livre fort volumineux, ni même d'en donner une analyse en le suivant en son entier du commencement à la fin. Beaucoup de pages dans le corps de l'œuvre paraissent longues à la lecture et même ennuyeuses. Les parties du livre qui offrent quelque intérêt pour nous, c'est d'abord celle qui raconte l'origine de Merlin et ses débuts dans le monde ; et, pour terminer, celle qui raconte le dénouement en Brocéliande. Celles-là seront reproduites presque en entier. Mais les événements qui présentent une importance moindre seront omis ou considérablement abrégés.

II. — LA GENÈSE DE MERLIN

Il y avait un prud'homme riche auquel l'ennemi du genre humain prit plaisir à infliger toutes sortes d'infortunes. Il commença, naturellement, par *enguyner* [14] sa femme, qui en retour lui donna la moitié de ses biens. Puis il tua ses chevaux et ses moutons, étrangla son fils dans son lit. Pour récompenser sa femme, il la pendit dans son cellier, et lui-même, il le fit bientôt mourir de maladie.

Ce ne fut pas tout ; de ses trois filles, l'aînée s'étant abandonnée à un bachelier, un jeune varlet, fut, par commisération des bons juges et au nom des justes lois, condamnée à être enterrée vive au lieu d'être lapidée. C'était au mieux, et chacun dut être content, le brave bachelier lui-même.

Après ces malheurs, un saint homme nommé Blaise, touché de compassion pour les deux orphelines, vint les réconforter, les endoctriner en la foi de Notre Seigneur, et leur apprendre leur créance. Malgré les sages avis du bon prud'homme, la plus jeune, pervertie par les mauvais conseils d'une femme au service de Satan, quitta la maison de sa sœur et se livra au désordre [15].

L'autre sœur fut bien affligée du triste sort de son aînée et de la conduite de sa jeune sœur. Elle alla conter ses chagrins au vertueux prud'homme Blaise en qui elle avait mis sa confiance. Le démon vous guette, lui dit-il, et cherche à vous perdre. Mais ayez confiance en Notre Seigneur qui ne vous abandonnera pas.

---

[14] Ce mot *enguyner*, qui a de nombreuses variantes : *engingnier, engignier, enginer*, etc., apparaît maintes fois dans le *Roman de Merlin* ; il a le sens de tromper, jouer un mauvais tour. La Fontaine répétant une parole empruntée au *Roman de Merlin*, a dit dans la fable La Grenouille et le Rat :

> Tel, comme dit Merlin, cuide engeignier autrui,
> Qui souvent s'engeigne soi-même.
> J'ai regret que ce mot soit trop vieux aujourd'hui :
> Il m'a toujours semblé d'une énergie extrême.

[15] Il paraît que, en ces temps, la jeune fille qui telle que la sœur aînée, avait eu le malheur d'être abusée, mais refusait de se prostituer, était punie de mort par les justes lois ; tandis que celle qui livrait son corps à tout venant était protégée par les lois toujours justes. C'est ce que la satanée femme ne manqua pas de faire valoir à la jeune sœur, et cet avantage détermina la vocation de celle-ci.

Signez-vous en vous mettant au lit et en vous levant, et qu'il y ait toujours de la lumière la nuit en votre chambre, car le démon ne vient que dans les ténèbres; et ne vous mettez jamais en colère.

La bonne demoiselle fut attentive à mettre en pratique les conseils du prud'homme, et deux ans se passèrent sans que le démon trouvât le joint pour s'introduire chez elle et l'abuser. Mais certain samedi soir, il insinua en l'esprit de la mauvaise sœur l'idée d'aller à l'hôtel de la sage demoiselle, avec une bande de garnements qui menèrent grand tapage. La sage demoiselle leur fit de vaines remontrances, et réprimanda sa sœur; mais celle-ci l'accusa faussement de mener mauvaise vie avec le prud'homme. La demoiselle indignée s'apprêtait, dans son courroux, à jeter à la porte sa méchante sœur, quand les garçons arrivèrent et la battirent. Échappée enfin, elle s'enferma dans sa chambre, et s'étant jetée toute vêtue sur son lit, elle se mit à pleurer et s'endormit en de tristes pensées.

Or les démons, furieux de ce que le sang du Sauveur eût racheté le genre humain, et que par sa grâce le ciel se remplît de bienheureux, tandis que les gouffres de l'enfer attendaient en vain les âmes des impénitents, les démons avaient tenu conseil pour trouver le moyen de ravir au Christ son empire sur les hommes. L'un d'eux se chargea d'engendrer en une fille de la terre un être d'une double nature, moitié humain, moitié diable, qui décevrait les hommes par son extérieur humain, et qui par sa malice et sa perversité les amènerait à perdition, à la grande joie de l'enfer.

Or le démon qui guettait l'occasion, voyant que l'affligée demoiselle était sans lumière, qu'elle avait oublié de se signer et qu'elle s'était mise en colère, put s'approcher d'elle pendant son sommeil : cette nuit-là même, Merlin fut conçu.

A son réveil elle s'aperçoit du malheur qui lui est advenu. Elle cherche en toute sa chambre qui était encore fermée quel en pouvait être fauteur, mais c'est inutilement. L'infortunée demoiselle n'y comprend rien ; accompagnée de deux femmes, elle va, toute éplorée, conter son affliction au bon prud'homme, lui affirmant qu'elle ne sait comment l'injure a pu être perpétrée, mais qu'elle avait été engingniée par l'ennemi. Le prud'homme d'abord ne voulut point la croire ; à la fin, cependant, il fut persuadé de sa sincérité, et en qualité de son confesseur, il lui enjoignit pour pénitence de demeurer chaste le reste de sa vie [16].

La demoiselle retourna en son logis. Bientôt sa grossesse devint manifeste ; obligée de l'avouer, elle persiste à dire qu'elle ne sait de qui elle la tient. — C'est qu'elle ne veut pas trahir son amant, répétaient les gens.

Elle comparut devant les juges, et ceux-ci, sur l'avis du prud'homme qui vou-

---

[16] Voir *Appendice A*. Origine de Merlin.

lait que l'enfant au moins fût épargné, plutôt que de la mettre incontinent à mort, la firent enfermer dans une tour avec deux des meilleures preudes femmes que l'on put trouver ; et elle dut y rester jusqu'à sa délivrance, pour que bonne justice ensuite fût faite contre la victime. Par louable précaution les juges ordonnèrent que toutes les issues de la tour fussent bouchées, sauf une fenêtre tout au haut, par laquelle, au moyen d'une corde, on hissait aux trois femmes ce qui leur était nécessaire pour leur subsistance. Le prud'homme, du bas de la tour, recommanda à l'infortunée demoiselle de faire baptiser l'enfant aussitôt qu'il serait au monde.

Le terme arrivé, elle mit au jour un enfant qui devait participer du démon par son père ; mais comme l'âme de la jeune fille était restée pure, Dieu ne voulut pas qu'il appartînt en entier à l'Ennemi. En tant que engendré du démon, Merlin connut les choses passées, mais Dieu lui accorda le don de connaître l'avenir.

L'enfant en naissant était couvert de poils, ce qui effraya grandement les deux preudes femmes. Elles le présentèrent à sa mère, et à sa vue celle-ci s'écria :

— Cet enfant me fait grand peur ! Néanmoins, elle fit sur lui un signe de croix.

A présent, « Avalès-le (descendez-le), dit-elle aux femmes, pour qu'il soit baptisé ; et que comme mon père il ait nom Merlin ». En conséquence, il fut descendu par la corde et porté au baptême, ainsi que l'avait ordonné le prud'homme, afin de le soustraire à l'empire du démon son père.

La mère allaita l'enfant pendant neuf mois ; il grandit en peu de temps, car à peine était-il né qu'il paraissait avoir deux ans. Mais enfin, an bout de dix-huit mois, il fallut bien sortir de prison, et la demoiselle pensant à la mort qu'on allait lui infliger, se lamentait.

L'enfant la regardant lui dit en riant : « Chère mère, n'ayez peur, vous ne mourrez pas pour chose qui de moi soit advenue. » Grand fut l'étonnement des trois femmes en entendant ces paroles.

La demoiselle avec l'enfant fut donc conduite devant les juges pour entendre sa sentence. Le bon prud'homme ne l'abandonna pas en cette épreuve. Les juges demandent à la demoiselle de déclarer le père de son enfant. C'est en vain qu'elle proteste qu'elle ne s'est jamais livrée à un homme, et qu'elle ne vit ni ne connut jamais le père de l'enfant. Les juges refusent de la croire et vont prononcer un arrêt de mort.

Et voilà que l'enfant prend la défense de sa mère, et obtient sa vie en confondant les juges par sa science du passé. Elle n'a point fauté en ce dont on la charge, dit-il, et s'il y a faute, ce bon prud'homme l'a prise sur lui. Et le prud'homme témoigne de la véracité de ce que la mère vint lui conter dans le temps.

— Cela ne suffit pas, répond le juge, et elle ne sera pas quitte, dit-il à l'enfant, si elle n'avoue qui est ton père.

— Je connais mieux mon père que toi le tien, répond Merlin ; et ta mère sait mieux qui t'engendra que la mienne, moi. Elle a plus que la mienne mérité la mort, et je dirais ce que je sais, si tu faisais justice. Quant à ma mère, elle a dit vrai en tout ce qui me concerne.

— Merlin, fait le juge en courroux, tu auras sauvé ta mère du bûcher si tu dis vrai, mais si tu ne prouves ce que tu avances contre ma mère, on te mettra au feu avec la tienne.

Alors, Merlin lui découvrit un secret qu'il ignorait. C'est que lui, le juge, est fils d'un prêtre. La mère comparaît devant son fils ; là, Merlin lui rappelle toutes les circonstances avec preuves, et elle confesse que cela est vrai. Quant au prêtre, ajoute Merlin, quand il saura que sa faute est découverte, il se jettera dans la rivière pour se donner la mort. Et cela arriva ainsi. Et le juge fut obligé d'acquitter la mère de Merlin, ne pouvant condamner la sienne pour semblable crime.

Le bon prud'homme Blaise s'émerveillait de voir une telle divination chez un enfant qui paraissait, à cette heure, n'avoir que deux ans et demi. Merlin lui en donna la raison. Engendré par le diable, dit-il, je tiens de lui tout ce que je dois tenir, mais ce ne sera pas pour son profit ; et quand il me choisit une telle mère, il fut mal avisé, car à cause d'elle, Dieu m'a donné de savoir les choses à venir. Crois ce que je te dirai de la foi et de la créance en Jésus-Christ ; et je te dirai telles choses que nul fors Dieu ne te pourrait apprendre ; et fais de cela un livre, et ceux qui l'entendront en seront meilleurs et seront préservés du péché.

— Je le ferai, répondit Blaise ; mais je te conjure, au nom du Père, du Fils, du Saint-Esprit, de la débonnaire Mère du Sauveur, des Anges, Archanges et Apôtres, que tu ne dises rien qui puisse me décevoir et m'engingner ni me fasse agir contre le plaisir de Notre-Seigneur.

— Que toutes les créatures dont tu m'as parlé me puissent nuire auprès de Dieu, répond Merlin, si je t'induis en rien qui soit contre sa volonté.

— Dis moi donc tout ce que tu sauras de bien, reprit Blaise, car je l'écrirai désormais. Et aussitôt Merlin lui fit écrire l'histoire de Joseph d'Arimathie, d'Alain, du saint vase, et de sa propre naissance.

Ensuite, Merlin apprend à Blaise qu'il s'en ira.

— Je serai envoyé quérir devers Occident, ajoute-t-il, et ceux qui m'enverront quérir auront juré à leur seigneur qu'ils m'occiront, et, qu'ils lui porteront mon sang ; mais dès qu'ils m'auront vu et qu'ils m'auront entendu parler, ils n'auront plus talent de me mal faire, et alors je m'en irai avec eux. Et tu t'en iras en la contrée où sont les gens qui ont le vaissel de saint Graal, et toujours seras en peine à écrire ce livre.

III. — LA TOUR DE VERTIGIER

Le livre ensuite se met à nous raconter les événements qui amenèrent l'usurpation de Vortigern que Robert de Borron appelle Vertigier.

Au temps où Merlin faisait écrire son livre, il y avait en Bretagne un roi nommé Constans. Il eut trois fils dont l'un fut nommé Moyne, le second Pendragon et le troisième Uter[17]. Moyne succéda à Constans dans la royauté, il eut à guerroyer contre les Saines (Saxons), débarqués en l'île de Bretagne ; mais il fut battu. Les barons, sur les insinuations du sénéchal Vertigier, l'assassinèrent et élurent Vertigier pour roi en sa place, au détriment des deux jeunes frères Pendragon et Uter. Les prud'hommes, aux soins de qui ils étaient confiés, craignant que Vertigier les fît mourir, les conduisirent à Bourges, en Berri.

Bientôt Vertigier excita contre lui la haine de tout son peuple : il appela alors à sa défense les Saines eux-mêmes, il fit alliance avec leur roi Hangus, dont il épousa la fille bien qu'elle fût païenne. Cela ne fit que augmenter la haine de son peuple contre lui. Il savait aussi que les fils de Constans s'apprêtaient à venir lui reprendre la royauté qu'il avait usurpée. En conséquence, il résolut de bâtir une forteresse dans laquelle il fût en sûreté.

On se mit donc à l'œuvre, mais quand il y en eut trois ou quatre toises au-dessus de terre, toute la construction s'écroula. On recommença trois fois, et trois fois les murailles furent renversées.

Ce que voyant, Vertigier fit chercher en toute sa terre les plus habiles gens qu'on put trouver ; il en choisit sept des plus savants en astronomie et leur demanda pourquoi la tour tombait.

Après neuf jours de réflexions, d'études et de calculs, ils n'avaient point encore trouvé le secret de la tour ; mais en consultant les astres, ils avaient découvert qu'un enfant, âgé de sept ans, est né sans père d'homme terrien, et conçu en femme, et que par lui ils doivent tous périr.

Pour échapper au sort dont ils sont menacés, ils se concertent entre eux et disent au roi : Sire, la tour ne pourra tenir si vous ne mettez aux fondements du sang d'un enfant qui est né sans père, lequel fut conçu en une femme sans aucun homme terrien, et a déjà l'âge de sept ans passés ; si vous pouvez le trouver et

---

[17] Voyez *Appendice B*. Vertigier.

faire occire, et que son sang soit mis à cette tour, jamais elle ne tombera. Mais gardez bien qu'il vienne ici vivant, que vous le voyiez et lui parliez; au contraire, commandez à ceux qui le chercheront, qu'ils l'occient dès qu'ils l'auront trouvé, et qu'ils vous en apportent le sang; et ainsi tiendra votre tour sans nulle faute, si elle doit tenir.

Le roi leur demanda :

— Peut-il être, vraiment, qu'un homme soit né sans père ?

Et ils répondirent :

— Jamais n'en ouïmes parler, sauf de celui-ci; mais nous t'affirmons qu'il est né sans père, et qu'il est à présent en l'âge de sept ans.

— Je vous ferai bien garder tant que je sache la vérité, dit le roi.

Et ils répondirent qu'ils en étaient bien contents...

— Mais recommandez bien à ceux qui le chercheront, qu'ils le tuent dès qu'ils l'auront trouvé, et qu'ils vous en apportent le sang, car il faut qu'il ne vous voie pas et que vous ne lui parliez pas.

Le roi envoya douze messagers, deux à deux, pour chercher en toute la terre l'enfant âgé de sept ans et né sans père; et il leur fit jurer sur l'évangile qu'ils le tueraient dès qu'ils l'auraient trouvé, et qu'ils lui en apporteraient le sang.

Ils partirent donc deux par deux; et il arriva que tout en cherchant par villes, châteaux, villages, deux des compagnons en rencontrèrent deux autres, et ils continuèrent route ensemble.

Et comme ils passaient à l'entrée d'une ville, ils virent en un champ une bande de garçons qui prenaient leurs ébats, et jouaient à la crosse. Merlin était l'un d'eux; apercevant ces quatre chevaucheurs il devina bien que c'était les messagers qui le quéraient, car il savait tout. Et afin qu'ils le connussent plus tôt, il frappa violemment d'un coup de sa crosse l'un de ses camarades. Celui-ci se mit à crier et à injurier Merlin, lui disant :

— Fils de femme perdue, tu es né sans père, et ta mère ne sait qui t'engendra !

Voilà, celui que nous cherchons, se dirent les messagers.

Alors, Merlin s'avança vers eux, et leur conta le motif pour lequel ils le cherchaient : qu'ils avaient juré de le tuer et d'apporter son sang au roi. Mais si vous me promettez de ne point me faire de mal, ajouta-t-il, je m'en irai avec vous et je découvrirai au roi Vertigier pourquoi sa tour ne peut tenir debout. Or il savait bien qu'ils n'avaient plus l'intention de le tuer, mais il disait cela pour les mieux éprouver.

Les messagers restèrent ébahis; cet enfant sait choses merveilleuses, ce serait péché de l'occire, j'aime mieux me parjurer que de lui mal faire : ainsi pensa chacun d'eux. Merlin les emmène chez sa mère et les fait bien traiter ; et il les conduit ensuite à Blaise et il lui dit : Maître, voici ceux que je vous avais dit qui me viendraient quérir pour me tuer. Et alors Merlin en présence des messagers raconte à Blaise l'histoire de la tour de Vertigier, et pourquoi le roi l'avait fait chercher ; et ils avouent que tout cela est vrai.

Et Blaise se signa de la merveille et dit :

— Si cet enfant vit, il deviendra grandement sage. Ce serait grand malheur si vous l'aviez occis.

Et alors, ils protestent devant Blaise qu'ils aiment mieux être parjures et se voir déposséder de leurs biens, plutôt que de lui faire du mal.

Puis Merlin explique à Blaise les dons qu'il a reçus en naissant : « Tu sais que Notre Seigneur m'a donné par droit tant de sens, de savoir et de mémoire, que celui qui crut m'avoir fait à sa semblance comprend que je lui échappe ; et Notre Seigneur Jésus-Christ m'a choisi pour lui faire un service tel que nul homme du monde ne le saurait faire que moi. Car je sais tout ce qu'il me faut faire, c'est pourquoi je dois aller en cette terre d'où s'ont venus les messagers. Et quand j'y serai, je dirai et ferai tant de choses que je serai le plus grand homme qui jamais fut, hormis Dieu.

« Et après que je serai parti d'ici, tu t'en iras aussitôt, et demanderas la terre qu'on appelle Northumberlande. Cette terre est pleine de grandes forêts, elle est presque inconnue aux gens du pays même, car il y a tels lieux où jamais homme ne mit le pied. Et là tu demeureras et j'irai souvent te trouver, et te dirai tout ce que tu devras mettre dans ton livre pour accomplir notre œuvre. »

Ensuite Merlin prend congé de sa mère pour s'en aller avec les quatre messagers en la terre du roi Vertigier. Elle eût bien voulu que Blaise restât près d'elle. Cela ne peut être, lui dit Merlin.

Chemin faisant l'enfant trouve occasion de montrer sa puissance divinatoire. Un vilain se préparant à un pèlerinage, venait d'acheter des souliers et du cuir pour les réparer. Merlin l'apercevant se mit à rire.

— Et pourquoi ris-tu ? lui demandent ses conducteurs.

— C'est à cause de cet homme, répond-il, il se prépare à un pèlerinage, et il sera mort avant de l'avoir commencé.

Et en effet, il n'avait pas fait une demi-lieue, qu'ils le virent tomber sur la route.

Plus loin dans une autre ville, on rencontre le convoi d'un enfant qu'on porte en terre. Le père suit en pleurant, pendant que, à la tête du cortège le prêtre va chantant les versets. Merlin se met à rire.

— Qu'as-tu donc à rire ? lui demandent ceux qui l'accompagnent.

—C'est que, répond-il, celui qui fait deuil n'en a pas motif, car il n'est pas le père de l'enfant, et celui qui chante devrait pleurer, car c'est lui qui est le père.

—Et comment le saurons-nous ?

—Allez dire à la femme que vous savez ce qui en est, et elle en fera l'aveu.

Et en effet, elle avoua sa faute. Mais, ajouta-t-elle, pour Dieu ne le dites pas à mon seigneur, car il m'occirait s'il le savait.

Arrivés devant Vertigier les messagers avouent qu'ayant trouvé l'enfant sans père, ils n'ont pas voulu le tuer malgré le serment qu'ils en avaient fait, parce qu'ils ont été émerveillés de sa divination, et qu'il a promis d'expliquer le secret de la tour.

Amené devant le roi, Merlin s'engagea à lui découvrir pourquoi sa forteresse s'écroule, mais il demande que les sages soient amenés en sa présence ; et quand ils y furent, il les confond en leur disant pourquoi ils avaient voulu qu'il fût occis. C'est parce que les astres leur avaient annoncé qu'il devait être la cause de leur mort. Cependant, il leur laissera la vie s'ils renoncent à leur art.

Devant l'assemblée, Merlin dévoile au roi pourquoi les fondements de la tour s'écroulent à chaque fois qu'on les bâtit. « Sous cette tour, lui dit-il, il y a un grand amas d'eau, et sous cet amas d'eau, il y a deux dragons qui ne voient point. L'un est blanc et l'autre rouge ; ils sont sous deux grosses pierres, et ils sont très grands et très forts. Et quand ils sentent que l'eau et la terre leur deviennent trop pesants par la charge des pierres dont on fait la tour, ils s'agitent si violemment que l'eau tournoie et tout ce qui est au-dessus s'écroule. »

Le roi fit creuser la terre en cet endroit et on trouva tout ce que Merlin avait indiqué. Et pendant que l'on fouille en terre, Merlin annonce que les deux dragons s'entre-combattront dès qu'ils seront au jour.

—Et lequel sera le plus fort, demande Vertigier ?

—Ce sera le blanc, et il occira le rouge.

Et en effet, les deux dragons se combattirent avec acharnement pendant deux nuits et deux jours. Finalement, le dragon blanc tua le rouge, mais le blanc alla se coucher et ne vécut que trois jours. Maintenant, dit Merlin, tu peux construire la tour aussi haute et aussi forte qu'il sera bon, et elle ne tombera plus. Les ouvriers recommencèrent donc à bâtir, et la tour fut élevée comme le voulait Vertigier.

Maintes fois ensuite le roi demanda à Merlin la signifiance des deux dragons ; et celui-ci la lui révèle en présence des sages que le roi avait convoqués. Ce combat des deux dragons, dit Merlin, est d'une grande signifiance.

—Et que signifie-t-il, demande Vertigier ?

—Le dragon rouge te signifie, toi Vertigier, répond Merlin, et le blanc signifie les fils de Constant.

Alors, il se met à raconter devant l'assistance la trahison de Vertigier et par quel crime celui-ci s'est emparé du trône. Mais les enfants de Constant : Uter et Pendragon, d'aujourd'hui en trois mois débarqueront à Winchester et ils te brûleront dans ta tour. Et tout cela se réalisa ainsi que Merlin venait de le prédire.

Après avoir expliqué à Vertigier devant son conseil le mystère de la tour, Merlin s'en alla en Northumberlande trouver Blaise son maître à qui il raconta toutes ces choses, et celui-ci les mit en écrit ; et c'est par son livre, dit Robert de Borron, que la connaissance nous en a été transmise.

Mais il est grand temps de faire connaître ce personnage de Blaise que Merlin appelle son maître ; qui fut le conseiller et le protecteur de sa mère dans ses jours d'épreuve, que Merlin de temps à autre va trouver dans sa forêt de Northumberlande, où il vit en ermite, pour lui raconter tout ce qui lui arrive, afin qu'il le mette en écrit. Ce sage et dévoué prud'homme Blaise, qui reste jusqu'à la fin le confident de Merlin, n'est autre que saint Loup, évêque de Troyes, l'apôtre des Bretons au Ve siècle, dont le nom latin Lupus est traduit par *Blaïdd* (qu'on prononce *Blaiz*) dans la légende galloise, et s'écrit *Bleiz* en dialecte armoricain. Mais, évidemment, Robert de Borron ne s'en est pas douté, note M. de la Villemarqué. (*Myrdhinn*, p. 147.)

Merlin séjourna longtemps avec Blaise. Pendant ce temps s'accomplirent contre Vertigier les événements prédits par le devin. Pendragon devint roi ; aidé de son frère Uter, il fit la guerre aux Saines (Saxons). Il assiégeait depuis six mois Hangus leur chef dans son château sans pouvoir s'en rendre maître ; le roi prend alors l'avis de ses conseillers. Plusieurs d'entre eux qui, dans la scène des deux dragons avaient été témoins de la science merveilleuse de Merlin, le signalent au roi comme seul capable de dire si le château peut être pris. En conséquence, le roi le fait chercher.

Merlin, qui sait tout, ne veut pas être connu tout d'abord. A ceux qui le cherchent, il se montre sous l'apparence d'un bûcheron. Il leur dit que le château ne sera pris qu'après la mort de Hangus, et leur fait diverses prédictions qui se vérifient. Et, quant à Merlin, ajoute-t-il, il ne pourra être trouvé que si le roi lui-même vient le chercher dans ses forêts de Northumberlande. Enfin, après s'être dissimulé à plusieurs reprises sous diverses apparences, et entre autres, sous celle d'un vilain monstrueux qui, comme ceux de la Dame de la Fontaine et de la Dame de Brécilien [18], gardaient des bêtes sauvages dans une forêt [19], Merlin

---

[18] Voir *Les Mabinogion* ou *les contes des anciens gallois*, traduit par Joseph Loth, Genève, arbredor.com, 2002, et *Yvain ou le chevalier au lion*, texte roman, idem (NDE).

[19] *Merlin de Huth*, t. I, p. 65, publié par MM. G. Paris et Jacob Ulrich.

se fait connaître aux deux frères. Émerveillés de sa science et de son pouvoir, ceux-ci lui demandent de rester près d'eux pour être leur conseiller, et Merlin y consent. Mais il les prévient que souvent il s'absentera, ce dont ils ne devront pas être en peine.

La faveur dont jouissait Merlin à cause de sa sagesse et de sa prescience lui suscita des jaloux, et l'un des barons de la cour s'avisa de vouloir prendre sa science en défaut. Un jour donc, que le roi était en son conseil, le baron le pria de demander à Merlin de quelle mort il mourrait.

—Je vais vous le dire, répondit Merlin ; il se cassera le cou en tombant de cheval.

Quelque temps après, le même baron, s'étant retiré dans une autre ville, feignit d'être malade et pria le roi de venir le visiter avec Merlin, mais sans faire connaître à celui-ci qui il était. Et lorsqu'ils furent venus, le baron pria le roi de demander à Merlin quel genre de mort lui était réservé.

—Le jour où tu mourras, dit Merlin, on te trouvera pendu.

Enfin, une troisième fois, pour éprouver et confondre Merlin, le même baron se retire dans une abbaye et prend un habit de moine ; il feint d'être malade et le roi vient le voir avec Merlin. L'abbé, qui était présent, s'adresse au roi. Sire, faites dire à votre devin si le moine qui est là gisant pourra guérir jamais ?

Et Merlin répondit à l'abbé :

—Sire, il peut bien se lever s'il veut, car il n'a point mal. Je lui ai déjà annoncé deux genres de mort, en voici un troisième, car outre qu'il se cassera le cou, et qu'il sera pendu, de plus, il se noiera.

Le baron triomphait par cette apparente contradiction du devin, qui lui assignait trois genres de mort quand un seul suffirait bien.

La prédiction, néanmoins, se réalisa ; car un jour que le baron chevauchait avec ses gens, il y eut à passer un pont de bois. Le cheval buta et s'abattit sur les genoux. Le cavalier fut projeté, tomba sur le cou, et le corps passa par-dessus le pont, mais le vêtement resta accroché en telle façon que la tête était dans l'eau jusqu'aux épaules. Et quand il fut retiré de là, on put constater que le cou était cassé. Le baron avait donc péri par les trois genres de mort. Ce que le roi ayant appris, il fut émerveillé de la science de Merlin. Mais, à partir de là, celui-ci prit la résolution de ne plus rien annoncer devant les gens, ou, du moins, si obscurément qu'on n'y comprendra rien avant qu'on ait vu [20].

Après la mort de Hangus, qui fut tué par Uter dans la défaite de son armée, les Saines revinrent nombreux en Bretagne. Une grande bataille se livre à Sale-

---

[20] Voir *Appendice C*. Les trois causes de mort.

bières. Les païens y périrent tous, mais comme Merlin l'avait prédit, Pendragon y fut tué.

Uter après lui devient roi, et prend le nom de Uter Pendragon, à cause d'un dragon[21] vermeil qui lui était apparu avant la bataille, et en l'honneur de son frère.

Puis le livre raconte comment Merlin transporta d'Irlande, et érigea au cimetière de Salebières les immenses pierres qu'on y voit encore aujourd'hui, et qui forment le monument de la sépulture de Pendragon et des guerriers bretons tués à la bataille contre les Saines. La moindre de ces pierres était si grosse que cent mille hommes n'eussent pu la remuer.

Merlin ensuite s'en alla à Carduel, en Galles, pour y faire dresser une table mystique, qui fut appelée la Table Ronde, à la différence des deux autres saintes tables de Jésus et de Joseph qui ne l'étaient pas. Puis à la fête de la Pentecôte, le roi étant venu, il choisit cinquante des meilleurs gens de bien du royaume et les fit asseoir à la Table Ronde ; et le roi ordonna qu'on les y servît. Mais à cette table restait une place vide, c'était celle du vase appelé le saint Graal.

Ayant institué la Table Ronde, Merlin ensuite alla trouver son maître Blaise aux forêts de Northumberlande et lui conta la manière de cette fable.

Un des barons du pays rapporta au roi que Merlin avait été tué dans un bois en guise d'homme sauvage ; puis étant venu s'asseoir à la place vide de la Table Ronde, aussitôt qu'il eut les pieds dessous, il disparut à tout jamais dans un abîme.

On arrive à l'histoire des amours de Uter avec Ygerne, épouse du duc de Tentageul, puis à la naissance, à la jeunesse et au règne d'Artus. Le livre devient presque autant l'histoire romanesque d'Artus que celle de Merlin, les deux personnages sont indissolublement unis, comme l'âme au corps ; leurs aventures sont autant l'œuvre de l'un que de l'autre. Artus est le roi magnifique, puissant, invincible. Merlin en est le conseil et le génie inspirateur ; sa sagesse et sa divination mènent tout à bien. Artus va, vient, porte l'épée, commande et accomplit, avec les compagnons de la Table Ronde et les rois ses vassaux, maintes prouesses dont le souvenir est impérissable. Mais c'est Merlin qui conçoit, prévoit, dispose, organise et met en mouvement tout ce monde Arthurien, comme il fit évoluer, par la seule force de l'esprit, les pierres gigantesques du Stone Henge, à Salisbury.

Nous n'avons donc point à suivre le romancier dans le détail des guerres,

---

[21] Il y a ici une confusion évidente entre le 'dragon' latin (*draco*) et le 'bataillon' gaulois (*drungos*). **Penno-drungos* a le sens de Chef de bataillon (NDE).

aventures, entreprises, etc., d'Artus ; nous n'avons aussi qu'à nous préoccuper le moins possible du roi Ban de Benoïc, en Petite Bretagne, du roi Boors de Gannes (l'Anjou), tous deux fidèles vassaux d'Artus, ni du perfide Claudas de la Déserte, ni de tant d'autres princes, chevaliers, dames et damoiselles, dont les gestes s'entremêlent, et forment la trame assez compliquée du livre. Je me borne à rechercher et à trier dans celui-ci les principaux faits personnels à l'enchanteur, pour arriver le plus tôt possible à l'irrésistible fascination qui l'attirera et le fixera à tout jamais en Brocéliande. La suite des événements sera fort décousue, à cause des nombreuses lacunes que j'y laisse, et que je n'ai pas même essayé de combler par un simple sommaire, l'œuvre du Roman de Merlin étant fort longue et fort accidentée.

IV. — LOUVE ET LIÉPARD

Je prends maintenant le récit au point où Merlin vient confier à Blaise, son maître, qu'une inéluctable destinée l'entraîne à sa perte.

Après cette aventure, Merlin partit si soudainement, que personne ne sut ce qu'il devint ; mais il s'en alla en Northumberlande à son maître Blaise, et lui conta tout ce qui avait été fait au royaume de Logres [22] depuis qu'il en était parti. Blaise lui fit grande chère, et mit en écrit mot à mot, tout ce que Merlin lui dit. Après qu'il eut séjourné quelque temps avec Blaise, il lui dit qu'il voulait s'en aller au royaume de Benoïc. C'est la terre que je dois le plus haïr, ajouta-t-il, car la louve y est qui doit enserrer le liépard, et le lier par des chaînes qui ne sont ni de fer, ni d'étain, ni d'argent, ni d'or, ni d'archal, ni de cuivre, ni d'airain, ni de rien qui vienne par racine, ou de pierre ; et il en sera si étroitement lié, qu'il ne pourra se mouvoir.

—Hélas, beau sire Dieu, Merlin, que dites-vous là ? repartit Blaise ; il n'est plus fière bête au monde que le liépard, pourquoi donc est à redouter la louve plus que le liépard ?

—C'est ainsi, fait Merlin.

Et Blaise lui demanda sur qui la louve aura pouvoir, car je ne puis savoir, dit-il, comment cela peut être.

—Pour l'heure, vous n'en saurez davantage, dit Merlin, mais je peux bien

---

[22] Royaume de Logres, Loëgria, pays compris entre l'Humber et la Saverne (San Marte, *Historia regum Britanniæ*, p. 210). — Logres, ville du pays de Galles (L. Constant, *Chrestomathie*, Table).

vous découvrir que cette prophétie m'incombe; et je sais bien que je ne m'en pourrai garder.

Et Blaise se signe de la merveille qu'il lui entend dire, et lui demande:

— Dites-moi ce qui sera de ce pays, puisque vous vous en allez en Gaule, car les Sènes (Saxons) détruisent tout.

Et Merlin lui dit qu'il n'en prenne point souci, car le roi Artus aidé de ses barons les chassera si bien qu'il n'en restera pas un.

Après ces paroles, Merlin prit congé de Blaise et s'en alla au royaume de Benoïc; il vient trouver Léonces de Paerne avec lequel il confère au sujet de la guerre contre Claudas de la Déserte[23].

V. — VIVIANE

Sitôt que Merlin fut départi de Léonces de Paerne, il s'en vint voir une pucelle (demoiselle) de très grande beauté en un manoir moult beau et riche, qui était en une vallée sous une grande montagne, toute ronde, auprès de la forêt de Briogne[24], laquelle était fort délectable; et moult beau y faisait chasser biches, et cerfs, et porcs, et sangliers, et autres bêtes sauvages. Cette pucelle dont nous parlons était fille à un notable homme, vavasseur de haut lignage, lequel se nommait Dyonas. Et la raison pourquoi il fut nommé Dyonas est que, la Sirène de Sicile, la mère de Dyane, le nomma sur les fonds en baptême; et pour le nom de Dyane fut nommé Dyonas. Icelle Dyane lui promit moult de biens et de richesses, et lui donna de merveilleux dons de bonheur en sa vie, et tout ce qu'elle lui promit, elle le lui tint pendant sa vie.

Quand Dyane se partit d'avec son filleul Dyonas, pour ce qu'elle était déesse de la mer, elle requit aux Dieux de la mer que le premier enfant qu'il aurait, s'il était féminin, eût durant sa vie des dons de grâce et de valeur, et que cette fille, qui viendrait de Dyonas, fût requise et amourée du plus sage homme du monde, lequel devait régner durant la vie de Vertigier, roi de la *bloe*[25] Bretagne; et que incontinent qu'il l'aurait vue, jamais ne se pût départir de son amour, mais que en tous les lieux où il irait, il pût songer chacune nuit la beauté de cette fille, et que cet homme qui tant savait, lui pût apprendre les arts de nigromance et plusieurs

---

[23] Voyez *Appendice D*.

[24] Bréchéliant est aussi désignée sous le nom de forêt de Briosque et de forêt de Briogne. — Dans le *Roman de Merlin* elle est plusieurs fois mentionnée sous ce nom.

[25] Cette expression revient plusieurs fois dans le livre. Veut-elle dire la Bretagne au ciel bleu? la blonde Bretagne?

autres secrètes sciences, de quoi elle se pourrait aider tandis qu'elle vivrait. Et que, en nulle matière, ce sage homme ne la pût éconduire de quelque chose qu'elle lui demanderait, ni qu'elle lui requerrait de faire. Ces dons, que Dyane requit, lui furent octroyés de par les Dieux de la mer, elle les donna à Dyonas pour la première fille qu'il aurait en mariage de sa femme.

Adonc quand Dyonas fut grand il fut de merveilleuse beauté, et fut bon chevalier et preux aux armes ; il alla servir madame la duchesse de Bourgogne, qui le recueillit honnêtement pour ses prouesses. Et après qu'il l'eut longtemps servie, elle lui donna une sienne nièce en mariage pour les biens qu'elle vit en lui, laquelle était moult belle pucelle, et sage de son âge. Cestuy Dyonas aima tant qu'il vécut le déduit des bois et des forêts, à chasser les bêtes sauvages, et ainsi fut-il des rivières. Or avait part le duc de Bourgogne à la forêt de Briogne, car la moitié était à lui, et l'autre moitié était au roi Ban de Benoïc. Il donna la moitié de cette forêt à Dyonas quand il maria sa nièce avec lui ; et il y ajouta terres et héritages assez pour soi vivre.

Alors quand Dyonas vit que le duc lui avait donné la moitié de cette forêt, il alla la voir et elle lui plut moult, car elle était de très grande beauté ; et tant fut amoureux du lieu que près d'un lac il fit faire une riche maison pour soi héberger, et avoir sa plaisance. Quand le manoir fut fait, il y vint demeurer pour le soulas [26] et la plaisance qui y était près du lac. En ce lieu conversa Dyonas fort longuement. Et aussi se tint en la cour du roi Ban par l'espace de long temps pour le servir et honorer, car étaient dix hommes avec lui, et il le secourut en maintes nécessités à l'encontre du roi Claudas, que moult dommagea.

Adonc, quand le roi Ban et le roi Boors aperçurent le grand service que Dyonas leur avait fait, ils le cueillirent en grand amour pour sa prouesse et loyauté, car bon chevalier fut de son corps. Et pour le bien que vit en lui, le roi Ban lui donna la part qu'il avait en celle forêt de Briogne pour toujours, en héritage à lui et à ses hoirs. Aussi le roi Boors lui donna de son côté plusieurs terres, villes et châteaux, rentes et revenus. Et tant l'aimèrent les deux rois pour sa débonnaireté que, environ leurs royaumes ils le pourvurent si bien, qu'il ne lui était mestier de rien que à corps humain sut souhaiter pour soulas et plaisir, qu'il n'eut. Et pour la gracieuseté de lui, lui fut donnée à femme la dite nièce de Bourgogne, dont le premier hoir qui saillit d'elle fut une fille qui fut de très grande beauté, qui fut nommée en baptême Nynianne [27], un nom en Caldée qui est à dire en français : Rien n'en ferai. Et ce nom se tourna sur Merlin, car cette fille fut si prudente

---

[26] Délassement, soulagement.
[27] Voir *Appendice E*, Viviane.

que bien se sut garder et conduire de plusieurs chétivetés et déceptions, ainsi que vous ouïrez dire au conte ci-après.

Tant crut cette damoiselle qu'elle eut l'âge de vingt-deux ans. Et il advint que, après avoir apporté à Léonces de Paerne la nouvelle que les Romains, le roi Claudas et leurs alliés venaient guerroyer contre les rois Ban et Boors, Merlin s'en retourna par la forêt de Briogne. Or avait-il pris la figure d'un jeune varlet (écolier), beau à merveille. Lors arriva ainsi que, comme il passait par la forêt, il trouva une moult belle claire fontaine, dont le gravier fremiait si clair et si luisant qu'il semblait de fin argent[28]. A cette fontaine belle et claire venait chacun jour Nynianne pour soi esbattre et déduire et pour passer le temps. Et alors à cette heure où Merlin passait par là, il la trouva sur le bord de ladite fontaine, et vit qu'elle était de merveilleuse beauté, et moult souvent la regarda avant qu'il voulût parler à elle. Mais il pensa en son courage qu'il ne fallait pas qu'il perdît son sens pour la beauté d'une telle dame, pour son déduit avoir et son soulas ; car, se disait-il, Notre Seigneur s'en courroucerait. Après long pensement, il ne se put tenir de la saluer. Et la dame lui rend son salut comme sage et bien apprise, en lui disant : Longuement avez pensé en votre courage chose que je ne connais pas ; mais que Dieu vous donne telle volonté de bien faire, que en rien ne puissiez être grevé.

Quand Merlin ouït la pucelle ainsi parler, il se assit sur le bord de la fontaine, et lui demanda qui elle était. Et elle répondit qu'elle était fille à un vavasseur gentilhomme qui près de là demeurait. Et puis lui demanda :

— Sire, qui êtes-vous ? Mais qu'il ne vous déplaise, puisque vous me demandez qui je suis.

— Dame, dit-il, je suis un varlet errant qui vais cherchant un mieu maître qui m'apprent un mestier qui est moult à priser.

Et la pucelle lui demande quel mestier c'était.

— Certes, dit Merlin : il m'a appris comment je ferais ci-devant lever un château s'il me plaisait, et ferais bien venir tant de gens d'armes dedans et dehors qui les uns assauldraient le château et les autres le défendraient. Et encore ferais-je bien autre chose, car je cheminerais sur l'eau de ce lac sans mouiller le pied, et aussi ferais-je bien venir une grande rivière par où jamais n'y en eut.

— Certes, dit la damoiselle, je voudrais qu'il m'eût coûté beaucoup du mien et que je susse une partie de ces jeux.

Adonc dit Merlin :

— J'en sais encore bien d'autres plus délectables pour tous hauts personnages

---

[28] Voir *Appendice F*, La Fontaine.

divertir, car vous ne sauriez nulle gent désigner, que je ne fasse leur semblance apparaître ainsi que je voudrais.

—Je vous prie, dit la pucelle, mais, qu'il ne vous déplaise, que je voie une partie de vos jeux, par tel convenant (condition) que je serai à tousjourmais votre acointée et votre amie, sans mal et sans vilenie, tant comme je vivrai.

—Lors, dit Merlin, vous me semblez si douce et si débonnaire que pour votre amour avoir je vous montrerai une partie de mes jeux, par tel convenant que me donnerez votre amour, et autre chose ne vous demande.

Et la pucelle lui octroie que nul mal ne nulle tromperie n'y pensait.

Alors Merlin se lève d'emprès elle, et s'en va loin environ un trait d'arc, prend une verge et va faire un cerne emmy la lande où ils étaient. Puis s'en retourne vers la pucelle et se rassied près d'elle sur la rive de la fontaine. Quand il eut un peu là séjourné, la pucelle regarda du côté d'où il était venu, et voit venir dames et chevaliers. pucelles et escuyers qui s'entretenaient main à main, et s'en venaient chantant et faisant la plus grande joie que jamais nuls hommes ne virent jamais en nul jour de leurs vies. Et devant cette danse étaient plusieurs joueurs d'instruments, sonnant mélodieux et harmonieux sous, si bien qu'il semblait proprement que ce fût anges de paradis ; et s'en vinrent entrer dedans le cerne que Merlin avait fait. Quand ils furent dedans entrés, alors commencèrent à danser et mener joie, et à chanter si douces chansons que n'y eût eu cœur d'homme ni de femme si éveillé, qui ne se fût endormi à la voix des dames et chevaliers qui là chantaient. Et tant faisaient mélodieux chants, qu'il n'est bouche qui sût raconter la quarte partie de la mélodie qu'ils démenaient.

Alors commença le chaud du jour à se lever, et n'y avait point d'ombrage où les dames et escuyers se pussent ombrager pour le soleil qui était si chaud. Merlin fit apparaître dedans la lande un tas d'arbres pleins de fleurs, et parfums de toutes manières d'herbes qui exhalaient les plus douces odeurs, tant qu'il semblait que tous les baumes du monde fussent tombés dans le verger où ils étaient. Adonc quand la pucelle eut ouï ces mélodieux chants, et vu les grandes joies que ces damoiselles et chevaliers démenaient, elle fut tout émerveillée, et eût bien voulu jamais ni boire, ni manger, mais à tousjours demeurer là, tant était aise et ravie des harmonieuses chansons qu'ils chantaient ; hors seulement le refrain d'une chanson qui disait ainsi : Bien vrai que se commencent amours en joie et se finissent en douleurs.

En cette manière démenèrent leur joie entre eux depuis midi et nonne jusqu'à vespres ; et furent les voix si hautes et si claires de dames et demoiselles et chevaliers et escuyers, que l'on eût pu les ouïr de plus de deux lieues loin ; lesquels chants étaient moult plaisants à ouïr, et semblait qu'il y eût merveilleux nombre de gens. Et tant chantèrent haut que ceux qui étaient au manoir de Dyonas, tant hommes que femmes, issirent hors pour venir voir et ouïr ceux qui cette joie démenaient. Lors vinrent près du champ, et virent le beau verger et les danses et querolles que les belles dames et chevaliers démenaient, et jamais si belles et si honnêtes n'avaient vu en leur vivant. Et ils commencèrent à s'émerveiller moult de ce verger qu'ils voyaient là, car jamais n'y en avaient vu. Et d'autre part s'émerveillaient de voir tant de gens et d'où ils pouvaient être venus. Il ne faut point demander s'ils étaient bien accoutrés de robes et de vêtements moult riches ; car c'était la plus somptueuse richesse à voir de précieux ornements de quoi ils étaient vêtus, tant pierres précieuses que perles, colliers d'or et d'argent et d'autres manières, de nouvelles modes de choses imaginées qu'on ne saurait citer pour les hautes et magnifiques richesses de quoi ils étaient ornés.

Adonc quand ils furent las de danser et de chanter, les dames et pucelles se reposèrent sur l'herbe verte fraîche et suavement odorante, et commencèrent à cueillir fleurs et violettes et à faire chapeaux et bouquets. Après, levèrent une quintaine les chevaliers emmi le verger. Et là commencèrent à jouter jeunes bacheliers les uns contre les autres, jusqu'à tant que la nuit fut venue.

Après la foule, s'en vint Merlin à la jeune pucelle, et la prit par la main et lui dit :

—Damoiselle, que vous semble.

—Certes, dit la demoiselle, vous avez tant fait que je suis toute vôtre.

—Adonc, dit Merlin, mon convenant me tenez ?

—Par ma foi, dit-elle, ainsi ferai-je, moult volentiers, par tel convenant que vous m'apprendrez de vos jeux.

Et Merlin lui dit :

—Je suis, content, et moult volentiers vous en apprendrai, car assez savez vous autre chose que lire et écrire.

—Comment, dit-elle, savez-vous bien que je sais lire et écrire.

—Dame, dit-il, je le sais bien, car mon maître m'a appris à savoir toutes les choses que l'on a faites.

—Adonc, dit la pucelle, c'est encore le plus beau jeu que je désirerais moult savoir, car moult pourrait avoir mestier *(utilité)* en plusieurs lieux. Et des choses à venir, ne savez-vous rien, fait la pucelle ?

—Certes oui, ma dame et amie, la plus grande partie, Dieu merci.

—Sire, dit la pucelle, et que allez-vous plus quérant, c'est assez pour vous, et devrait vous suffire si c'était votre plaisir.

Et tandis que Merlin et la pucelle devisaient ensemble, s'en allèrent dansant et querolant les dames et damoiselles, escuyers, serviteurs, et pucelles, et les jeunes bacheliers qui avaient jouté, devers la forêt d'où ils étaient d'abord venus. Quand ils furent près à l'entrée du bois, ils se flatirent tous dedans, et on ne sut plus ce qu'ils devinrent, et furent évanouis si soudainement que tous ceux qui les voyaient furent tout émerveillés comment ils avaient disparu. Mais le verger demeura en son entier sain et suavement odorant, par la prière que la dame fit à Merlin ; et fut appelé le verger par son nom, le Repaire de joie et de liesse.

Quand la pucelle et Merlin eurent longuement devisé ensemble, alors lui dit à son partir :

— Belle pucelle, je m'en vais, car moult ai-je à besoigner ailleurs.

— Comment, dit la pucelle, ne m'apprendrez-vous avant aucun de vos jeux ?

— Damoiselle, fait Merlin, ne vous hâtez point, car assez à temps en saurez-vous. Mais maintenant ai-je autre part à faire ce jour. Et ne m'avez-vous point encore baillé nulle assurance de votre amour.

— Sire, fait-elle, quelle assurance voulez-vous que je vous fasse ? Devisez, fait-elle, et j'accomplirai ce qu'il vous plaira.

— Je veux, fait Merlin, que vous me fianciez que vous et votre amour sera à moi pour en faire tout ce qu'il me plaira et ce que je voudrai.

Alors, la pucelle pensa un petit, puis lui dit :

— Sire, ainsi ferai-je par un tel convenant que : après que m'aurez appris toutes les choses que je vous demanderai, et que j'en saurai ouvrer, lors me commanderez ce qu'il vous plaira et je le ferai.

Et Merlin s'y accorde. Adonc lui fiança la pucelle de tenir en ceste manière les convenances que Merlin lui demandait. Et à l'heure présente en prit la sûreté et la créance.

Après qu'il eut reçu la foi d'elle, Merlin lui apprit un jeu dont elle ouvra depuis par maintes fois. Ainsi, il lui apprit à faire venir une grande rivière par tous les lieux où il lui plaisait, et durait l'eau tant qu'elle voulait ; et d'autres jeux assez lui apprit, et elle-même les écrivit en beau parchemin, mot à mot tout ainsi comme il lui devisa ; et après suit bien à chef (bout) venir.

Quand l'heure fut tarde, il prit congé d'elle et elle de lui. Mais avant qu'il s'en partit, lui demanda la pucelle quand elle le verrait. Et il lui répondit : la veille de la Saint-Jehan. Ainsi se départirent l'un de l'autre ; et s'en alla Merlin à Tharoaise en Thamelide, où le roi Artus et le roi Ban et le roi Boors firent grande joie de sa venue. Mais à tant laisse le conte à parler de lui.

VI. — LA SAINT-JEHAN-BAPTISTE

Après divers événements que nous passons sous silence, Merlin s'en alla en Northamberlande, à Blaise, son maître, qui lui fit grande chère, car il l'aimait de bonne amour ; et Merlin lui conta tout ce qui était advenu depuis qu'il s'était départi de lui ; et Blaise le mit en écrit, et par lui le savons-nous. Mais quand Merlin lui parla de la damoiselle où il avait mis son amour, il en fut bien peiné, car il eut peur qu'elle ne le déçût, et qu'il en perdit son savoir ; dont moult le blâma et le pensa chastier.

Artur accompagné de Merlin, des chevaliers de la Table-Ronde, passe ensuite en Gaule, suivi d'une forte armée, pour défendre ses vassaux, le roi Ban de Benoïc et le roi Boors de Gannes, contre le méchant Claudas de la Déserte. Merlin est là, donnant des avis et disposant toutes choses. Il se rendit à Gaël chez le roi Ban, puis à Lamballe chez le roi Boors pour les presser d'aller rejoindre Artur (*Myrdhinn*, p. 212, 213 ; P. Paris, *Les Romans de la Table-Ronde*, t. II, p. 305).

La guerre terminée, Merlin, ayant pris congé des rois Artur, Ban et Boors, s'en alla voir sa mie, qui l'attendait à la fontaine, car il lui avait promis d'être avec elle le jour Saint Jehan-Baptiste. Et quand il fut arrivé à la fontaine, la dame lui fit grande joie. Lors le prit par la main et le mena en ses chambres et en son repaire avec tant de précautions qu'ils ne furent aperçus de personne. Et quand ils furent en leur privé, la dame s'enquit de Merlin de plusieurs choses et de maintes merveilles pour le grand amour qu'il avait. Et quand elle vit qu'il l'avait prise en si grand amour que rien ne lui refuserait, elle le pria de lui enseigner comment endormir un homme sans qu'il s'éveillât, aussi longtemps qu'elle voudrait.

Merlin, qui connaissait toute sa pensée, lui demanda toutefois pourquoi elle disait cela.

— C'est, dit-elle, pour endormir mon père Dyonas et ma mère, lorsque je voudrai parler avec vous, afin qu'ils ne s'aperçoivent pas de nos jeux, car sachez que je mourrais s'ils s'apercevaient de ce que nous faisons, vous et moi.

Ces paroles disait la pucelle couvertement, nonobstant que Merlin savait bien pourquoi elle disait. Mais elle lui en parla tant de fois, qu'il advint une journée, qu'ils s'en allèrent esbattre en un jardin, eux deux tous seulets, et s'en vinrent asseoir dessous une belle ente de pommier. Et la dame le fit coucher en son giron, et tant l'amignota et lui montra de grands signes d'amour, et tant le traita doucement de baisers et d'acoliers, que Merlin ne se pouvait rassasier d'être avec elle. Et tant l'aima qu'il ne lui sut refuser rien de ce qu'elle lui demanda.

Lors lui requit la pucelle qu'il lui apprît à endormir un homme. Et Merlin qui sut bien son penser ne sut s'en défendre et le lui apprit, et encore autres choses plus merveilleuses que cela ; car Notre Seigneur voulait qu'il ne se put tenir. Adonc lui nomma trois noms qu'elle écrivit en un annel toutes les fois qu'elle devait à lui parler, qui étaient pleins de si grande force, que tant comme ils étaient sur lui, nulle personne du monde née ne pouvait lui parler. Et cette dame mit tout en écrit. Et depuis elle atourna si bien Merlin que toutes les fois qu'il venait parler avec elle, il n'avait nul pouvoir de s'en aller. Et pour ce, dit-on en proverbe, que femme a plus d'art que le diable[29].

Ainsi demeura Merlin huit jours entiers avec sa mie, mais nous ne lisons point que jamais Merlin la requist de vilenie ni elle ni autre ; mais, elle, elle en eut grand peur quand elle sut que tant de choses il savait. Et pour ce, se garnissait-elle si bien à l'encontre de lui, que quand il voulait lui parler, par la science qu'il lui avait apprise, elle-même faisait à sa volonté de lui. Et lui apprit Merlin toutes les merveilles que clercs mortels sauraient apprendre à nulle personne, tant de choses faites qu'à faire et à advenir. Et elle fut si sage que tout sut bien mettre en écrit, de peur qu'elle ne l'oubliât. Et après qu'il fut demeuré huit jours entiers avec elle, il prit congé d'elle et s'en retourna à Benoïc, où le roi Artur et sa compagnie séjournaient, qui moult furent joyeux quand ils le virent.

VII. — L'HOMME SAUVAGE

Ensuite Merlin s'en alla aux forêts de Rome, et ayant appris que l'empereur Julius César était en grand souci au sujet d'un songe qu'il avait eu, il s'atourna par son art en la figure d'un cerf, le plus grand et le plus merveilleux qu'on eût jamais vu. Un des pieds de devant était blanc comme neige, et son chef (tête) portait cinq branches, les plus grandes qui jamais fussent vues.

Lors s'en vint courir dans Rome, et s'y échauffe comme si tout le monde l'eût chassé. Et quand le peuple de la ville le vit ainsi courir, de toutes parts s'élevèrent après ce cerf une noise et une huée telles qu'on n'eût pas ouï Dieu tonner. Courent après les petits et les grands, à pied, à cheval, armés de triques, leviers, arcs, arbalètes, bâtons, glaives, épieux avec fers bien pointus. Ils le chassent de tous côtés par la ville avec chiens et lévriers ; mais ils ne parviennent pas à l'atteindre.

---

[29] Variante. Adonc lui apprit trois mots qu'il suffisait d'écrire sur le corps toutes les fois qu'il devait gésir avec elle, qui étaient pleins de si grande force que tant qu'ils y étaient, il ne pouvait à elle avenir. Et pource dit-on en proverbe, que femme a plus d'art qu'un diable (P. Paris, *Table-Ronde*, t. II, p. 181).

La chasse dura longtemps ; et quand après avoir bien couru, les gens de la ville furent à bout d'haleine, le cerf s'en vint au maître palais où l'empereur dînait. Et quand ceux qui servaient au manger de l'empereur ouïrent le bruit et la noise que faisait le monde, ils se mirent aux fenêtres pour voir ce que c'était. Et ils virent accourir le cerf que les gens de la ville poursuivaient.

Le cerf entre en courant dans la salle où l'empereur mangeait, renverse les tables par terre, répand le vin et les mets sur ceux qui étaient assis au dîner, et fait une telle tempête et un tel brouillis que tous les barons et les princes présents sont effrayés et ne savent que dire ; il court sur les plats, les pots, les écuelles, et semble que ce soit un enfer. Il y eut beaucoup de gens blessés.

Enfin, quand il eut bien tournoyé et mis tout sens dessus dessous, il s'en vint devant l'empereur, et lui dit :

— Sire empereur Julius César, à quoi penses-tu ? Laisse ce à quoi tu penses, car rien ne t'y vaut. Tu ne sauras rien de la signifiance de ton songe tant qu'un homme sauvage ne te l'apprenne.

Ayant dit ces paroles, le cerf jette les yeux sur les portes qui étaient fermées, et, par son art, les ouvre avec une telle violence, qu'elles volent en éclats, et il s'en court à travers la ville. La chasse recommence de plus belle, et on le poursuit jusque hors de la ville, et il se perd dans la forêt, où on ne sut ce qu'il devint.

L'empereur promet sa fille en mariage, avec la moitié de son empire après lui, à qui pourra lui amener le cerf ou l'homme sauvage.

Beaucoup se mirent à sa recherche, mais pour néant. Grisendolez, le séné-chal, persévéra et resta huit jours à fouiller la forêt. Au bout de ce temps, n'ayant rien rencontré, il se mit à prier sous un grand chêne, demandant à Dieu de le conseiller. Et voilà que survint un grand sanglier qu'il avait chassé le jour précédent. Et le sanglier lui dit, l'appelant par son nom : «Avenable, Avenable, tu chasses folie. Tu ne peux réussir dans ta recherche, comme tu l'as entreprise, mais je te dirai que faire pour en venir à bout. Va-t-en en une ville près d'ici, apporte de la chair de porc nouvellement poudrée de sel et de poivre, et du lait et du miel, et du pain chaud, et amène avec toi quatre forts compagnons et un jeune garçon pour tourner la chair que tu apporteras, pendant qu'elle cuira. Et puis t'en viens en cette forêt au plus détourné lieu qui y soit. Et fais apporter une belle table et une nappe pour mettre dessus. Puis tu dresseras la table au lieu où tu feras rôtir la chair, et tu mettras dessus le pain chaud, le lait et le miel. Et taudis que le jeune garçon fera rôtir la chair de porc, vous vous retirerez en arrière loin du feu, et ne demeurera que le garçon qui tournera la broche. Et à la faveur du rôt viendra l'homme sauvage que tu cherches, et tu le pourras prendre si tu veux.»

Ayant dit cela, le sanglier disparut dans la forêt.

Grisendolez se munit de tout ce que le sanglier lui avait indiqué ; et il vint avec ses compagnons au plus profond de la forêt. Là était un grand chêne bien feuillu. Ils y allumèrent un bon feu, et ils y firent rôtir la viande de porc à la broche ; et l'odeur s'en répandait au loin. La table fut dressée ; dessus on mit la nappe, puis le pain chaud, le lait, le miel, comme avait dit le sanglier. Alors, Grisendolez et ses gens se retirèrent à l'écart, sauf le petit garçon qui restait à tourner la broche, et ils attendent et observent.

Bientôt l'homme sauvage arrive, armé d'une massue de laquelle il frappe à droite et à gauche avec violence contre les arbres. Il était grand et hideux, tout couvert de poils, avec une barbe noire longue de plus de deux pieds. Il était nu-pieds et portait un vêtement fort déchiré. Il s'approcha du feu où cuisait le rôt, mais le jeune homme en eut si grand'peur qu'il s'enfuit.

L'homme sauvage se chauffe, regarde la viande et la table, il voit le pain chaud, le lait et le miel ; puis il examine à l'entour s'il n'y a personne. Alors, il s'en va vers la broche, prend la viande à pleines mains, comme un homme privé de sens, la met sur la nappe qui était belle et blanche, et commence à manger comme si jamais n'avait mangé ; il ne s'arrêta que quand il n'y eut plus rien : ni chair, ni pain, ni lait, ni miel. Quand il fut plein et gonflé, il se coucha tout de son long près du feu, et s'endormit. A ce moment, Grisendolez et ses compagnons s'en approchent, lui enlèvent sa massue, puis l'enchaînent et l'emmènent à Rome. Chemin faisant, Grisendolez lui adresse diverses questions ; l'homme sauvage ne lui répond que par des énigmes dont l'explication lui fut donnée devant l'empereur.

A leur arrivée toute la ville est sur pied pour voir l'homme sauvage. L'empereur pour qu'il ne s'échappe pas veut lui river ses fers.

—Je vous jure sur ma créance, dit l'homme sauvage, que je ne m'enfuirai pas.

—Es-tu donc chrétien ? lui dit l'empereur.

—Oui certainement.

—Comment donc as-tu pu être baptisé puisque tu es sauvage ?

—Ma mère, répondit-il, un jour revenait tard du marché où elle était allée. Elle passa par la forêt de Brocéliande et s'égara ; alors, elle se coucha et s'endormit. Vint un homme sauvage dont elle ne put se défendre, et cette nuit-là je fus engendré. Quand je fus né ma mère me fit baptiser ; et quand je fus grand, je m'en allai demeurer dans les forêts, et je suis sauvage comme mon père.

Quelques jours après, l'homme sauvage, en présence de l'empereur, de l'impératrice, des barons rassemblés explique le songe de l'empereur. Ce songe signifiait que l'impératrice se livrait à la débauche avec douze jeunes gens, qu'elle faisait habiller en pucelles pour qu'ils pussent entrer dans ses appartements sans exciter de soupçons.

L'impératrice et ses complices furent brûlés vifs ; et l'homme sauvage conseilla à l'empereur d'épouser… le sénéchal Grisendolez, qui n'était autre qu'une sage, aimable et vaillante jeune fille, Avenable, comme l'homme sauvage l'avait appelée, et qui jusque-là avait caché son sexe, son nom, sa haute naissance, et par ses talents et ses services avait conquis la faveur de l'empereur.

L'homme sauvage refusa de dire son nom et disparut sans qu'on sût comment. Mais, en s'en allant, par une lettre écrite en grec qu'il laissa à la porte du palais, et qui ne fut déchiffrée que longtemps après, il faisait connaître que le cerf, le sanglier, l'homme sauvage n'étaient autre que Merlin, le conseiller du roi Uter-Pendragon. Et l'empereur eut bien du regret qu'il fût parti.

VIII. — TROISIÈME ET QUATRIÈME ENTREVUE

Après cette aventure, Merlin s'en retourna vers Blaise en Northumberlande, et il ne mit qu'un jour et une nuit pour faire le trajet ; et il lui raconta tout ce qui lui était advenu, et Blaise le mit en écrit.

Blaise lui dit qu'il s'apercevait que il aimait une dame, car il voyait bien sur qui tombait sa prophétie ; et il ajouta :

— Pour Dieu, sire, gardez-vous de la Louve qui doit enserrer le Lion.

Et Merlin lui répondit :

— Reproche quand cela sera fait.

— Ce serait grand dommage que cela se fît, ajouta Blaise, et si je savais, volontiers j'emploierais ma peine à l'empêcher.

Et Merlin quitta Blaise pour s'en aller en Petite-Bretagne, et Blaise le commanda à Dieu bien doucement.

Merlin se rendit auprès de Léonces, le seigneur de Paerne, et près de Farien, lesquels lui firent grande joie et avec lesquels il resta deux jours.

Puis il se mit en route pour aller trouver Nigone (Viviane) qui lui fit grande joie quand elle le vit. Et quant à Merlin, son amour pour elle s'accrut tellement que ce fut avec bien de la peine qu'il s'en éloigna, et il lui enseigna tout ce qu'il savait sans rien garder.

Dans une autre circonstance, Merlin, après être resté huit jours en la cité de Benoïc avec Léonces de Paerne, Farien, Dyonas et les autres princes, s'en alla le neuvième jour à sa mie Viviane qui moult grande joie lui fit, car elle l'aimait d'étrange manière, par la grande débonnaireté qu'elle avait trouvée en lui. Et lui l'aimait tant qu'il n'aimait rien autant comme elle. Et bien y parut quant il lui enseigna ce que il ne voulut enseigner a nullui (personne). Il demeura huit jours avec elle, puis s'en départit, et s'en vint droit à Blaise son maître, qui lui fit moult grande joie et était bien impatient de le voir.

IX. — COUR D'ARTUR À CRAMALOT

A la mi-août, Artur voulut tenir grande cour à Cramalot. Il fit donc mander tous ses barons pour que dès la veille ils arrivassent avec leurs femmes. Ils furent tous reçus à grande joie et grand honneur ; le roi et la reine leur firent de riches présents.

Après les vêpres, qui furent dites à l'église de Monseigneur Saint-Étienne, qui était la maîtresse église de la cité, on dressa les tables par la ville, dans les prairies, les tentes et les pavillons ; et la fête fut si belle qu'on n'en vit jamais de semblable en Bretagne.

Le lendemain, après la messe où il y avait douze têtes couronnées, car étaient venus six rois et six reines, on se rendit au palais où le roi Artur s'assit à la place d'honneur avec la reine Genièvre, et les autres rois et reines à leur suite, tous couronne en tête ; puis les ducs, les comtes et les autres princes. Les ménétriers tirent grande mélodie, et en nulle cour il n'y eut jamais telle joie et tel plaisir.

Au milieu de cette fête, et quand le sénéchal Keux apportait le premier mets devant le roi Artur et devant la reine Genièvre, entra la plus belle forme d'homme qui jamais fut vue en terre de chrétien. Il avait un baudrier à renges d'or, et orné de pierres précieuses ; il portait une couronne d'or sur la tête comme un roi ; ses chausses étaient d'un brun pâle, et ses souliers fermaient avec des boucles d'or. Il portait une harpe richement travaillée et ornée de pierres précieuses. Malheureusement, il était privé de la vue, quoiqu'il eût de beaux yeux clairs. Un petit chien, plus blanc que neige, était attaché par une chaînette à son baudrier.

Le petit chien le mena droit au roi Artur, alors l'homme se mit à harper un lai breton ; puis, quand il eut fini, il salua le roi et la reine et toute la compagnie. Et Keux qui apportait le premier mets devant le roi s'était arrêté pour écouter le harpeur.

Pendant que ces choses se passaient, le roi Ryon des Iles avait mandé tous les rois de son obédience pour venir assiéger le roi Léodagan de Carmélide en son château de Caroaise[30]. De là, il envoie une missive au roi Artur pendant les fêtes de Cramalot. Artur donne la lettre à lire à l'archevêque Dubrice[31]. Ces lettres portaient le sceau du roi Ryon et étaient scellées de dix sceaux royaux, celui de Ryon et des neuf autres rois ses vassaux.

Voici en abrégé ce qu'elles demandaient : J'ai en ma compagnie neuf rois couronnés, disait Ryon, et de tous les rois que j'ai conquis j'ai les barbes avec le cuir. Et j'ai fait un manteau de samit que j'ai fourré des barbes des rois ; il ne lui manque que les franges, et comme j'ai entendu parler des grandes prouesses du roi Artur, je veux qu'il soit plus honoré que nul autre. C'est pourquoi je te mande que tu m'envoies ta barbe avec tout son cuir, et je la ferai mettre à la frange de mon manteau en ton honneur. Tu me l'enverras par un ou deux de tes meilleurs amis ; et puis tu viendras me trouver pour que tu reçoives de moi ta terre, et que tu deviennes mon homme. Et, si tu ne le veux, dès que j'aurai conquis le roi Léodagan, je viendrai avec toute mon armée t'arracher la barbe, sache-le bien.

Quand le messager de Ryon fut parti, la fête continua, et le harpeur allait d'un rang à l'autre au grand plaisir de la compagnie. Le roi Artur en était tout émerveillé, et ne savait d'où cet homme pouvait être venu et, cependant, il devait bien le connaître, car il l'avait vu maintes fois, mais sous une autre semblance.

Le repas fini, après que les tables eurent été enlevées et qu'on se fut lavé les mains, le harpeur vint au roi Artur et lui dit :

— Sire, s'il vous plaisait, j'aurais le guerdon (récompense) de mon service.

— Certes, beau doux ami, il est bien droit que vous l'ayez et vous l'aurez, moult voulentiers ; demandez votre volonté, car vous n'y fauldrez point, si c'est chose que je puisse donner, saulve mon honneur et celui de mon royaume.

— Sire, fait le harpeur, vous n'y aurez rien et vous le verrez si en vie êtes.

— Or, dictes donc sûrement votre vouloir.

— Sire, fait le harpeur, je vous requiers et que vous me donniez à porter votre enseigne bataille où vous irez.

— Beau très doux ami, fait le roi, serait-ce chose à l'honneur de moi et de mon royaume ? Notre Seigneur Dieu vous a mis en sa chartre, comment verriez-vous donc à conduire et à, porter enseigne de roi, qui doit être refuge et garant de tout l'oste ?

---

[30] Léodagan, père de Genièvre, épouse d'Artus. — M. Paulin Paris trouve que le nom de Caroaise n'est pas sans ressemblance avec celui de Carhaix, ville du Finistère, et il suppose que le royaume de Carmélide pourrait bien avoir existé en Basse-Bretagne. Il n'est pas bien prouvé, dit-il, que dans les lais ou récits primitifs, la Carmélide ne soit pas en Basse-Bretagne. (*Table-Ronde*, t. II, p. 145).

[31] Dubrice, voyez *Appendice G.*

—Ah! sire, fait le harpeur, Dieu me conduira qui est vrai conduiseur, et en maints périlleux lieux m'a-t-il conduit et gardé, et sachez que ce sera votre profit. »

A ces paroles, le roi Ban se souvint de Merlin.

—Accordez-lui sa requête, dit-il au roi, il ne me paraît pas homme à qui on doive refuser son désir.

—Mais, dit le roi, ce n'est pas chose que l'on doive octroyer légèrement.

Et aussitôt qu'il eut dit cette parole le harpeur s'évanouit d'entre eux, si que nul ne sut jamais ce que il devint. Le roi Artur pensa bien alors que c'était Merlin, et il fut bien peiné de ne pas lui avoir accordé sa volonté.

—Vous auriez bien dû le connaître, dit le roi Ban à Artur.

—Vous dites vrai, répondit Artur, mais c'est ce chien qui le conduisait qui m'a trompé.

—Qui est-ce donc, dit Gauvain?

—C'est Merlin, notre maître.

—Je le crois, dit Gauvain, car maintes fois il s'est déguisé devant votre baronnie et a changé de semblance pour nous réjouir et nous amuser.

Pendant qu'ils parlaient ainsi, entra dans la salle un petit enfant d'environ huit ans, contrefait de son corps, sans braye, et portant une massue. Il vint droit au roi Artur et lui dit qu'il s'apprêtât à aller combattre le roi Ryon, et qu'il lui baillât sa bannière à porter. Ceux du palais se mirent à rire durement. Le roi Artur lui dit en riant, se doutant bien que c'était Merlin:

—Je vous la donne volontiers à porter.

—Par moi, dit le fol, elle sera bien employée; et il sortit.

Hors du palais, il prit la forme d'un homme et il passa la mer, s'en vint à Gannes (Angers), et pressa Farien et Léonces de Paerne d'envoyer leur armée à Cramalot; puis il repassa la mer pour revenir en Grande-Bretagne, et s'en alla trouver le roi Urien et le roi Loth d'Orcanie et les autres barons, pour qu'ils se rendent à Cramalot avec leurs gens. Et les vêpres n'étaient pas encore finies à l'église Saint-Étienne le jour de la fête de la mi-août, quand il revint à Cramalot, et il était plus de none (trois heures) quand il en était parti.

Le roi Artur se mit en marche avec tous ses barons pour aller secourir Caroaise qui était assiégée par le roi Ryon, et Merlin portait la bannière royale. La bataille se livra et Merlin courait à cheval au plus fort de la mêlée; il y eut grand mort d'hommes, mais Artur tua le roi Ryon, et les alliés du roi Ryon firent leur soumission à Artur.

Artur séjourna au château de Caroaise avec sa baronnie jusqu'à ce que les blessures qu'il avait reçues au combat fussent guéries. Il remercia Dieu de la victoire et se mit en marche vers Cramalot avec toute sa baronnie. On y passa quatorze jours, et le quinzième les princes et les barons s'en retournèrent en leurs contrées. Quant à Artur, il s'en alla avec sa baronnie dans la cité de Logres, et il y resta longtemps ; avec lui étaient Gauvain, les compagnons de la Table-Ronde, et Merlin « qui leur avait fait grand soulas et grand compagnie en celle joie. »

Un jour Merlin dit au roi Artur que désormais il pouvait bien se passer de lui pièce (de temps), puisqu'il avait sa terre presque apaisée et mise en repos. Aussi pouvait bien s'en aller esbattre une pièce de temps. Et quand le roi l'ouït, il en fut moult dolent, car moult l'aimait de très grand amour, et moult volontiers aurait voulu sa demeurance, si cela pouvait être. Et quand il vit qu'il ne le peut retenir, il le pria moult doucement de tôt revenir, car moult lui était grief et ennuyeux d'être privé de lui.

Et Merlin dit qu'il viendrait tout à temps au besoin.

—Certes, fait le roi Artur, toujours ai-je mestier (besoin) de vous, car sans votre aide, ne sais-je rien, et pour ce je voudrais que vous ne partissiez jamais de ma compagnie à nul jour.

Et Merlin lui dit :

—Autre fois je viendrai tout à temps que besoin sera, et rien n'y fauldra ni de jour ni de nuit.

Et lors se tut le roi et commença à penser. Et quand il eut longuement pensé, il dit en soupirant :

—Ha ! Merlin, beau doux ami ! en quel besoin me devez-vous venir, dites-le-moi plus clairement, s'il vous plaît ; certes en sera mon cœur plus à l'aise.

—Sire, dit Merlin, je vous le dirai, puis après je m'en irai. Le lion qui est fils de l'ourse et engendré du liépart courra par le royaume de Logres, et c'est le besoin que vous en aurez.

Atant (*alors*) s'en partit Merlin, et le roi demeura à malaise et esbahi de cette chose, car il ne voit point et ne sait à quoi elle regarde.

Or, dit le conte, que sitôt comme Merlin se fut parti du roi Artur, ainsi comme vous avez ouï, il s'en issit de la cité de Logres aussi courant qu'il n'y a destrier ni cheval au monde qui le pût atteindre, si bien que tous ceux qui le virent aller pensèrent qu'il était vraiment hors de sens.

Il se retira dans la forêt, et vint à la mer, et passa enfin aux parties de Jérusalem. Là, le roi Flualis avait rassemblé tous les sages du pays pour avoir l'explication d'un songe qui lui causait singulièrement de souci, et il avait promis sa fille en mariage et tout son royaume après lui à celui qui lui en dirait la vraie signification, mais aucun n'en avait pu comprendre le sens. Merlin, qui avait pris telle semblance qu'on ne pouvait le reconnaître, lui donna l'explication du songe.

Ce songe signifiait que quatre princes chrétiens se préparaient à envahir son royaume, et qu'il abjurerait sa mauvaise créance pour venir à la créance vraie de Jésus-Christ et recevoir le baptême ainsi que la reine.

X. — RETOUR À VIVIANE

A l'endroit, dit le conte que, quand Merlin se fut parti du roi Flualis, à qui il avait devisé son advision, il se mit à la voie droit vers le royaume de Benoïc, et vint droit à Viviane sa mie, qui était moult angoisseuse de le voir, car encore ne savait-elle pas tant de son art comme elle voulait. Aussi lui fit-elle toute la plus grande joie que jamais elle put. Ils mangèrent, burent et couchèrent ensemble en un lit. Mais tant savait elle de ses affaires que quand il avait volonté de gésir et toucher à elle, elle enchantait et conjurait un oreiller quelle lui mettait entre ses bras, et lors s'endormait Merlin. Cependant, ne fait point le conte mention que jamais Merlin gésit (couchât) à femme charnellement, et toutefois n'avait-il en tout le monde aimé autant comme femmes, et bien y parut, car il s'y abandonna tellement, et tant apprit à femme de ses affaires une fois et autre, qu'il s'en put tenir pour fol au dernier.

Ainsi, séjourna avec sa mie longtemps, et toujours elle lui enquérait de son sens et de ses maîtrises ; et il lui apprenait et faisait tout savoir. Et elle mettait en écrit tout ce qu'il disait, comme celle qui était bien endoctrinée en clergie. Elle en retenait bien plus clairement ce que Merlin lui disait.

Et quand Merlin eut avec elle assez demeuré de temps, il prit congé d'elle et lui dit qu'il reviendrait au bout de l'an. Ils s'entre-commandèrent à Dieu l'un l'autre doucement.

Lors s'en vint Merlin à Blaise son maître, qui moult fut joyeux de sa venue, car moult désirait de le voir, et aussi faisait Merlin de lui. Merlin lui conta toutes les choses qu'il avait depuis ouïes, et savait par ouïr, et par voir et par savoir.

Et quand il eut tout ce dit et devisé, Blaise le mit en écrit et par ordre, en telle manière comme Merlin lui devisa, ne oncques n'en trépassa un seul mot ; et par lui et par ses écrits les avons encore comme il les écrivit.

XI. — LE NAIN

Merlin séjourna avec Blaise tant qu'il lui plut. Ensuite il quitta son ermitage, après s'être tous deux mutuellement recommandés à Dieu. Et Merlin s'en vint à Logres, où le roi Artus et la reine étaient en grande fête avec leurs barons et les chevaliers, et ils lui firent grande joie. Tout à coup arrive au pied de la salle une damoiselle accompagnée d'un nain le plus laid et le plus contrefait que l'on eût jamais vu ; la demoiselle était merveilleusement belle. Quand elle fut à bas de son palefroi, elle prit le nain dans ses bras et le descendit de dessus sa male, puis attacha celle-ci au pin. Alors le prenant par la main, elle le conduisit devant le roi qui était à son manger, et l'ayant salué, elle lui requit un don. Le roi le lui accorda pourvu que ce ne fut chose contraire à son honneur et à celui du royaume. «Je suis venue de lointain pays, dit la demoiselle, pour vous prier que ce mien ami, franc damoisel, fassiez chevalier ; certes bien est digne de l'être, car il est gentil et preux et de bon lignage. S'il eût voulu il eût pu l'être de la main du roi Pelles de Listenois, mais mon ami a fait serment qu'il ne le serait jamais que de votre main. Or, je vous prie et requiers que vous le fassiez chevalier. »

Tous les assistants se mettent à rire, et Keux le sénéchal «qui moult était médisant et ennuyeux lui dist» :

— Damoiselle, gardez-le bien près de vous, qu'il ne vous soit ravi par les pucelles à madame la reine, car bientôt elles vous l'auraient dérobé pour la grande beauté qu'il a en lui.

Le roi accorda la requête de la demoiselle, arma le nain chevalier, et lui donna l'accolade. Puis la pucelle fit monter le nain sur un beau destrier, et monta elle-même sur sa mule, et ils partirent de la cour. Leur chemin les mena dans une vaste forêt.

Après leur départ la compagnie se mit à plaisanter de la demoiselle et du nain.

— Je ne crois pas, dit la reine Genièvre, que jamais si laide créature ait été vue.

— Dame, dit Merlin, malgré sa laideur, jamais ne vites aussi hardie pièce de chair comme ce nain, et il est fils de roi et de reine. Je ne l'ai jamais vu, ni la demoiselle, mais je sais qui ils sont, et je vous l'apprendrai une autre fois. Mais maintenant, sire, il y a autre chose à faire, car Lucius, l'empereur de Rome, vous envoie des messagers, et dans ce moment même ils sont au pied de la salle, sous le pin.

Et, pendant que Merlin parlait ainsi, voilà que douze princes magnifiquement ornés et portant des branches d'olivier entrèrent dans la salle ; ils allèrent vers le roi, et l'ayant salué, le premier d'entre eux lui dit :

— Nous sommes envoyés vers toi, comme messagers, par l'empereur Lucius de Rome ; et ils lui présentèrent les lettres qui étaient enveloppées d'un drap d'or et de soie. Le roi les donna à l'archevêque Dubrice pour qu'il en fît la lecture. Cette lettre rappelait au roi qu'il devait soumission à l'empereur de Rome, et lui enjoignait de venir devant lui pour payer le tribut et parfaire à sa rébellion ; sinon l'empereur viendra contre lui avec si grande armée que le roi n'osera l'attendre, et il le fera prisonnier et l'emmènera à Rome.

Mais le roi Artus ne voulut point se soumettre, et il fut approuvé par tous les barons, et on se prépara à la guerre. Merlin s'en alla trouver le roi Loth d'Orcanie, et tous les barons, le roi Léodagan de Carmélide, le roi d'Irlande ; il s'en alla aussi au royaume du roi Ryon, et leur conta à tous l'embarras du roi Artus, leur commandant qu'ils le suivissent avec tous leurs gens pour combattre l'empereur de Rome, et ils le lui promirent. Et Merlin était déjà revenu à la chambre du roi Artus, pendant que celui-ci faisait écrire les chartes et les lettres pour mander ses barons.

— Sire, lui dit Merlin, laissez là ces lettres, votre message est rempli.

— Comment, Merlin, mon bel amy, dit le roi ?

Et Merlin lui conta comment il avait été mander tous ses barons, et qu'ils seraient tous à Logres au jour voulu.

Le roi et ses barons s'embarquent et descendent à Harfleur. Pendant ce temps Merlin était allé à Gannes trouver les rois Ban et Boors, et leur recommander de venir rejoindre le roi. Puis le livre raconte la lutte et la victoire d'Artus contre le géant du Mont-Saint-Michel et la guerre contre les Romains, qui furent vaincus.

Le roi Artus fut joyeux de la déconfiture des Romains ; il fit enterrer les morts, mettre en bière le corps de l'empereur Lucius et l'envoya à Rome, en mandant aux Romains que c'était là le tribut de la Bretagne. Ensuite il prit conseil des princes s'il irait plus loin ou s'il retournerait en Gaule. Prenez l'avis de Merlin, lui répondirent-ils.

— Sire, lui dit ce dernier, vous n'irez pas à Rome et ne vous en irez pas encore, car on a besoin de vous en ce pays. Au lac de l'Oseraie (Lausanne, P. Paris), il y a un diable et un ennemi qui ravage tout le pays, et personne n'ose y demeurer, il tue tout ce qu'il atteint et accroche. C'est un chat plein de venin et de déable, et si grand et si épouvantable que c'est merveille.

— D'où peut venir cette bête ? dit le roi.

— Sire, fait Merlin, je vais vous le dire. Il advint à l'Ascension, il y a quatre ans, qu'un pêcheur vînt au lac de l'Oseraie avec tous ses engins et rets pour pêcher ; et quand il eut appareillé ses rets et ses engins pour jeter à l'eau, il promit à Dieu le premier poisson qu'il prendrait ; et quand il eut jeté, il en tira un luz (brochet) qui valait bien vingt francs. Et quand le pêcheur le vit si bel et si gent, il se dit à soi-même comme malicieux: Dieu n'aura pas celui-ci, mais l'autre que je prendrai le premier.

« Lors rejeta ses engins en l'eau et reprit un poisson qui mieux valait que l'autre. Et quand il le vit si bel et si gent, si le couvait à moult, et dit que encore se peut bien Dieu passer et souffrir de celui-ci ; mais il aura le tiers sans nul doute. Et lors remit ses engins en l'eau, et il en tira un petit chaton plus noir que mûre. Et quand le pêcheur le vit, il se pensa qu'il en aurait bien mestier (utilité) à ôter les rats et les souris de sa maison ; si s'en vint avec tout à sa maison. Il nourrit le chat, tant que un jour celui-ci étrangla le pêcheur et sa femme et ses enfants ; puis il s'enfuit à une montagne qui est outre le lac que je vous ai dit. Et depuis le chat a toujours été par là, tuant et détruisant tout ce qu'il atteint. Vous vous en irez droit par là et mettrez en paix, s'il plaît à Dieu, les bonnes gens qui sont en estranges contrées. »

Quand les autres barons ouïrent cette parole, si se signèrent de la merveille, et dirent que c'était vengeance de Notre-Seigneur, et démontrance du péché que le pêcheur avait commis en mentant à son convenant.

Le roi alla donc attaquer le chat, et parvint à le vaincre et à le tuer, mais ce ne fut pas sans peine et sans péril. Et à cause de sa victoire, il voulut que le mont où repairait le chat cessât de s'appeler le Mont du Lac et s'appelât le Mont du Chat, et ce nom lui est resté.

Après ces exploits, le roi Artus et sa baronnie se mirent en route et retournè-rent en France. Ils passèrent par le royaume de Benoïc. De là, ils se rendirent à la mer, s'embarquèrent et arrivèrent à Douvres et vinrent à Logres. Artus congédia ses gens, et ils s'en allèrent chacun en leurs contrées. Le roi Artus demeura à Lo-gres, et avec lui son neveu Messire Gauvain et les chevaliers de la Table-Ronde et Merlin. Ils séjournèrent grande partie du temps en joie et en fêtes, et s'en allaient déduisant en bois et en rivières.

XII. — COMMENT MERLIN PRINT CONGIÉ DU ROI ARTUS ET DE LA REINE GENIÈVRE, ET LEUR DIST QUE C'ESTOIT LA DERNIÈRE FOIS QU'ILS LE VERROIENT

Et pendant qu'ils étaient en tel déduit et séjour, il prit à Merlin talent (envie) qu'il irait voir Blaise, son maître, et lui raconterait ce qui depuis était advenu. Et puis d'illec s'en irait voir Viviane, sa mie, car le terme se approchait que il lui avait promis. Alors s'en vint au roi Artus, et lui dit qu'il lui fallait s'en aller. Et le roi et la reine lui prièrent moult doucement de tôt revenir, car leur faisait grand soulas (agrément) de sa compagnie, et l'aimait le roi de très grand amour, car en maints besoins pressants lui avait-il prêté aide, et par lui avait-il été roi et par son conseil. Si lui dit moult doucement : Vous vous en irez ; je ne puis vous détenir, ni ne veuil rien contre votre vouloir ; mais moult serai à malaise tant que je vous revoie, et pour Dieu, hâtez-vous de revenir.

— Sire, fait Merlin, ce est la dernière fois que jamais me verrez.

Et quand le roi entend que il dit que c'est la dernière fois, si fut moult eshabi durement. Et Merlin s'en partit sans plus dire, fors qu'il lui dit :

— A Dieu vous commande.

Atant s'en issit de la cité de Logres tout pleurant, et erra tant qu'il vint à Blaise, son maître, qui moult fut content et joyeux de sa venue. Il lui demanda comment il avait depuis fait. Et il dit moult bien et lui conta tout en ordre les choses qui depuis étaient advenues au roi Artus. Et du géant qu'il occit, et de la bataille des Romains, et comment il avait occis le chat.

Et aussi lui conta du petit nain que la Dame avait amené à la cour, et comment le roi l'avait fait chevalier. Mais tant vous dis-je bien du nain, fait Merlin à Blaise, qu'il est moult gentilhomme ; et certes n'est pas nain de droite nature, mais l'atourna ainsi une damoiselle dès ce qu'il était en l'âge de treize ans, pour ce qu'il ne lui voulait son amour octroyer, et il était jusque là une des belles créatures d'homme que l'on sût au monde ; et à cause du deuil que la pucelle en eut, elle l'atourna ainsi qu'il n'y a au siècle si laide chose ni si mortifiante. Et d'aujourdhui en neuf semaines sans doute doit faillir le terme que la demoiselle lui mit, et il reviendra en l'âge dont il doit être, car il aura celui jour même du terme xxii ans, et il est bien à présent par semblant en l'âge de lxxii (72) ans et de plus.

Et quand il eut ainsi toutes ces choses conté, Blaise mit tout en écrit l'une chose après l'autre, tout en ordre. Et par lui et ses écrits en savons-nous encore la vérité.

Ainsi demeura Merlin avecques Blaise huit jours, et mangeait avec lui telle viande comme il avait. Et quand il se départit de lui, Blaise lui dit qu'il le venist voir, car avait pour lui grand peur, et que moult lui peinait son cœur à cause de lui.

Et Merlin lui dit que c'était la dernière fois que jamais le voit, car il séjournerait avec sa mie, et n'aurait jamais pouvoir ni force de la laisser, ni d'aller ni de venir à son pouvoir. Et quand Blaise l'entendit, il lui dit moult dolent :

— Puisque ainsi est que vous ne pourrez partir quand vous serez là venu, beau doux ami, donc n'y allez point, puisque vous savez bien que la chose vous doit advenir.

— Aller il me faut, fait Merlin, car je l'ai en convenant et promesse. Et si je ne le lui avais en convenant promis, encore fait Merlin, si suis-je tellement surprins et dominé de son amour, que je ne m'en pourrais partir ni abstenir. Et tout ce lui ai-je fait par moi-même, car je lui ai appris et enseigné grant partie de ce que je savais, et encore en saura-t-elle plus de moi, car je ne m'en pourrais ni ne puis destourner ni abstenir.

XIII. — L'ENCHANTEMENT

Atant s'en partit Merlin de Blaise son maître, et en telle manière comme vous avez ouï ; et erra tant en petit d'heure, qu'il vint à sa mie Viviane qui moult en fut joyeuse, et grand joie lui fit, et aussi lui à elle ; et demeurèrent tous deux ensemble grant temps et toujours lui enquist elle de sa besogne et de ses affaires ; et il lui en dit et enseigna tant qu'il en fut depuis tenu pour fol, et est encore. Et elle les retint bien, et mit tout en escript, car elle avait été apprins à lettres quand elle fut jeune, tant qu'elle sut tous les sept arts.

Et quant elle lui eut tout demandé, et qu'il lui eut tout enseigné, et dit tout ce qu'elle lui voulut demander, alors lui fit moult grant joie et joyeuse chère, et lui montra grant semblant d'amour, et plus que elle n'avait fait auparavant, comme celle qui tant sceut d'enchantements que nulle femme n'en scout jamais autant. Et elle pensa en quelle manière elle le pourrait detenir à jamais. Mais oncques ne s'en put travailler ni peiner assez pour en venir à bout. Aussi en fut-elle moult dolente et moult esmaiée (désappointée), et pensa comment elle le pourrait savoir. Elle recommence à blandir et losanger (caresser et flatter) Merlin plus qu'elle n'avait fait devant, et lui dit :

— Sire, mon doux ami, encore ne sais-je point une chose que je saurais moult volontiers, et je vous prie que vous me l'enseigniez.

Et Merlin qui bien savait ce que elle voulait faire et à quoi elle tendait, lui dit : Ma dame, quelle chose est-ce ?

— Sire, fait-elle, je vueil que vous m'enseigniez et montriez comment je pourrais un homme enclore et enserrer sans tour et sans mur, ni sans fer, ni par enchantement, de telle manière que jamais n'issit sinon par moi.

Et quand Merlin l'entendit, il baissa la tête, et commença moult à soupirer. Et quand la demoiselle sa mie l'aperçut, elle lui demanda pourquoi il soupirait.

— Dame, fait-il, je vous le dirai. Je sais bien ce que vous pensez, et que vous me voulez retenir, mais je suis si surprins (dominé) par votre amour, que de force, que je le veuille ou non, me convient (faut) octroyer votre volonté.

Et quand la demoiselle l'entend, elle lui met les bras autour du col et le baise, et lui répond qu'il doit bien être sien puisqu'elle est sienne.

— Vous savez bien, fait-elle, que la grant amour que j'ai en vous m'a fait que j'ai laissé père et mère, et pour vous tenir en mes bras jour et nuit. Toute est en vous ma pensée et mon désirier ; je n'ai sans vous joie ni bien ; j'ai en vous mis toute mon espérance, je n'attends ni joie ni bien, sinon de vous. Et puisque je vous aime et que vous me aimez, n'est-il donc droit que vous fassiez mon vouloir et moi le vôtre ?

— Certes, Dame, fait Merlin, oui je le ferai ; dites ce que vous voudrez.

— Sire, dit-elle, je veux que nous fassions un beau lieu bien convenable et gent par art et engin, tellement que jamais il ne puisse être défait, et nous serons illecques (là) vous et moi en joie et en plaisir.

— Ma Dame, dit Merlin, tout ce vous dirai-je bien.

— Sire, fait-elle, je ne veux pas que vous le fassiez, mais vous me l'enseignerez et je le ferai, adonques il sera plus à ma volonté.

— Je vous l'octroie, fait Merlin.

Lors lui commença à deviser, et la damoiselle le mit tout en écrit, ainsi que il lui dit. Et quand il lui eut tout devisé, en eut la damoiselle grande joie, et plus l'aima, et plus lui montra belle chère, qu'elle ne avait coutume, et se firent longuement chères ensemble.

Et tant que il advint un jour que ils s'en allaient déduisant main à main par la forêt de Brocéliande, que ils trouvèrent un buisson d'aube épine grand et bel et tout chargé de fleurs. Et ils s'assirent en l'ombre des aubes épines sur la belle herbe verte, et jouèrent et solacièrent en l'ombre. Et Merlin mit son chef au giron de la damoiselle et elle lui commença à tastonner (caresser), si que il s'endormit en son devant. Et quand la damoiselle sentit qu'il se dormait, elle se leva tout bellement et fit un cerne de sa guimpe tout entour le buisson et entour Merlin, et commença ses enchantements tels comme lui-même lui avait appris ; et fit par neuf fois le cerne et par neuf fois l'enchantement, puis se ralla seoir de lez lui, et lui mit son chef en son giron, et le tint illec longuement, tant qu'il s'éveilla et regarda entour lui ; et lui fuit advis qu'il était enclos en la plus forte tour du monde, et se trouva couché au plus beau lit où jamais eût couché.

Et lors dist à la damoiselle :

— Ma Dame, deçeu m'avez si vous ne demeurez avec moi, car nul n'a pouvoir fors vous de défaire cette tour.

Et elle dit :

— Beau doux ami, j'y serai souvent, et vous me tiendrez en vos bras, et moi vous.

Et de cela lui tint elle bien convenant, car peu furent de jours et de nuits qu'elle ne fût avec lui.

Ne onques puis Merlin ne issit de ceste tour où sa mie Viviane l'avait mis…

XIV

A ces belles pages du romancier, je puis adjoindre sans crainte de les déparer cette autre que j'emprunte à un philosophe qui s'est efforcé d'éclaircir la légende myrdhinnique. Dans son magnifique langage, elle est un panégyrique digne du noble barde.

« Merlin domine tout dans ce nouveau Cycle poétique de la Table-Ronde ; il concentre en lui les mystères qui se retirent du reste du Cycle. Il prend des proportions immenses. Le fils du Sylphe et de la Vestale [32] exprime à la fois l'idéal patriotique et l'idéal métaphysique et moral, non plus seulement des Bretons, des Kymris, mais de toute la race celtique. Comme prophète politique, il prédit la réunion des Écossais, des Irlandais, des Gallois, des Cornouaillais et des Armoricains, de tous les hommes qui parlent les langues celtiques, sous une même bannière, et l'expulsion des Germains de la Bretagne, prophétie qui s'agrandit encore sous la forme d'un récit rétrospectif, quand il montre le symbolique Arthur à la tête des deux Bretagne, chassant les Romains de la Gaule. Comme représentant de l'esprit intérieur, de l'âme gauloise, ce *sauvage* devin qui s'enfuit toujours sous les chênes, qui n'aime que les abîmes de verdure de la forêt, les claires fontaines, les pierres antiques ; ce chantre extatique que les animaux des bois suivent comme Orphée ; ce sage qui se fait bâtir tout au fond de la forêt par excellence, Celyddon [33] une grande maison de verre pour observer les astres, personnifie tout ensemble la science traditionnelle, la vie contemplative des anciens druides dans le sanctuaire du chêne, et la communion tendre du génie celtique avec la nature.

» Mais cette nature qu'adore Merlin, cette âme de la solitude à laquelle il unit son âme, elle est personnifiée dans les poésies bardiques : c'est une fée, c'est une femme, c'est Viviane : la fée des bois, la jeune fille plus belle que le cygne blanc de

---

[32] Les bardes, sous ce nom emprunté à la tradition romaine, désignent sans doute une druidesse. Plus tard, on en fait une nonne.

[33] Celyddon, Calédonie, de *Coillie* qui veut dire forêt en gaélique.

65

neige. Elle lui rend amour pour amour ; elle craint qu'il ne s'en aille, et l'enferme dans un cercle enchanté, lui qui sait tout, sait le projet de sa Vivyan ; et de son plein gré, il entre dans le cercle, il se dévoue pour lui complaire à une éternelle captivité, mythe touchant qui transforme le vieux et rigide druidisme, et fait éclore dans l'antique religion de l'esprit et de la nature, le nouvel idéal celtique et chrétien de l'amour ! C'est là, on peut le dire, que le mystère est accompli.

» Dans la forme primitive du mythe, il n'est pas question du cercle magique, le dévouement de Merlin a une autre forme. Merzyn au gracieux visage, dit un barde, s'embarque dans la maison de verre par amour pour sa compagne. Le vrai sens de cette Maison de verre est dénaturé dans la *Vita Merlini*, ce poème latin où les symboles sont fort altérés. La maison de verre s'en va dans les nuages ; c'est le vaisseau de la mort qui mène au cercle céleste, au Gwynfyd[34]. »

Voici maintenant la louange que formule sur le héros et l'œuvre de Robert de Borron un littérateur qui l'a particulièrement étudiée, c'est l'auteur du livre de *Myrdhinn*, M. de la Villemarqué. « La plus ancienne tradition romanesque a personnifié et idéalisé en Merlin le dévouement passionné à tout ce que la grande époque chevaleresque jugeait digne de son respect ; je veux dire la religion, la patrie, la royauté, l'amour ; l'amour pur, discret, délicat, la solitude à deux éternellement enchantée[35]. »

Revenons à l'œuvre du romancier ; et là, bornons-nous à quelques remarques sur les deux personnages en qui se concentre tout l'intérêt : Merlin et Viviane.

Le livre ne cesse de témoigner du génie supérieur du prophète : C'est demi-dieu, au sens païen du mot, qu'il conviendrait de l'appeler, tant il dépasse les proportions de l'humaine nature. A cause de la piété de sa mère, le Seigneur lui octroya de précieux dons, et par là furent réduits à l'impuissance et à néant les instincts pervers qu'il tenait du démon son père. Aucun des secrets de la science d'ingromancie ne lui fut caché ; et sans doute, il en découvrit d'admirables, qui jusque-là avaient échappé aux calculs et aux expériments des sages. Aussi tous le reconnaissent-ils comme leur maître, et le saluent-ils du titre de Merlin l'enchanteur, l'enchanteur par excellence.

N'avez-vous pas ressenti une douce et suave émotion au récit, que nous a fait le romancier, de la première rencontre du jeune et joliet escholier avec la gente damoiselle fille de Dyonas, à la merveilleuse fontaine de Brocéliande ? N'était-ce pas ici la véritable place d'un joli tableau qu'il a tracé de l'influence du printemps

---

[34] H. Martin, *Histoire de France*, 4ᵉ éd., t. III, p. 361.
[35] De La Villemarqué, *Myrdhinn*, p. 231.

sur la nature, plutôt que de le reléguer, comme il l'a fait, dans un compartiment obscur où l'on s'étonne de le rencontrer?

«C'était à l'entrée du mois de mai, nous dit-il, au temps nouveau d'été, alors que les oiseaux chantent clair et font entre eux grande mélodie, tant qu'il n'est cœur si marri qui n'ait joie à les ouïr. En celui temps, les bois commencent à reverdir et à feuiller, et voit-on belles fleurettes emmi les champs; les senteurs qu'elles exhalent fleurent comme baumes les plus suaves; des fraîches fontaines sortent des eaux belles et claires qui courent par les ruisseaux. Aux amours nouvelles, les cœurs sentent renaître la vie et la joie; jeunes varlets et pucelles chantent, dansent et fêtent le retour de la douce saison qui ranime l'amour en la nature [36]. »

Cette peinture ne convient-elle pas à la circonstance, et ne prépare-t-elle pas fort bien l'esprit à la scène qui va suivre, car sans doute le printemps de la vie y coopéra avec le printemps de l'année.

Le début de la scène entre le jouvenceau et la jouvencelle, tel que l'a imaginé le romancier, est fort naturel. Leurs propos charment par leur simplicité, leur naïveté même, non moins que par leur convenance. Mais les jeux, si l'on peut appeler jeux d'aussi incroyables merveilles, par lesquels l'écolier montre son habileté, ne sont pas essais d'apprenti, ce sont chefs-d'œuvre de maître. Sans parler du jardin de liesse, faire surgir de terre un château avec assaillants et défenseurs; marcher sur l'eau d'un lac sans se mouiller les pieds; faire couler un grand fleuve où jamais ne fut eau, tous ces prodiges étaient bien de nature à esbahir la damoiselle. Ce dernier jeu surtout eut, paraît-il, le don de lui plaire, car le romancier nous affirme qu'elle en ouvra souvent. «—Et avec cela, dit-elle à l'écolier, vous savez tout ce qu'on fait, et les choses à advenir! Et que allez-vous donc plus quérant? » — Quoi de plus juste que cette réponse?

Mais arrivons au dénouement. Ne semble-t-il pas que l'histoire devrait être finie là où nous l'avons laissée? Voilà Merlin prisonnier d'amour de Viviane; que le ciel est serein, que le soleil luit radieux sur le frais buisson d'aubépine! Qu'elle est touchante et pure, qu'elle est sans pareille la mystérieuse félicité des deux amants si bien assortis qu'abrite le bocage odorant de Brocéliande! Nous restons heureux de leur bonheur, et nous les quittons, les laissant pour toujours en joie dans l'impénétrable Jardin d'enchantement. Par quelle malencontreuse idée, à mon sens, l'auteur du roman s'est-il avisé d'assombrir ce tableau, et termine-

---

[36] Ce morceau se lit au *Roman de Merlin*, t. I, feuillet 118, édit. de Vérart, au chapitre «Comment les cinq escuyers Galachin, Gauvain, Aggravain, Gaheret et Gaheriet se partirent de la ville de Brocellyande. »

t-il cet épisode qui semblait conduit à si beau dénouement, par des révélations inattendues qui nous laissent sous un noir pressentiment, car elles présagent regrets et chagrins sans fin? Quoi donc de fâcheux a pu surgir sous l'enceinte du bocage? «Ne onques puis Merlin ne issit de ceste tour ou forteresse où sa mye Viviane l'avoit mis, mais elle y entroit et yssoit quant elle vouloit. Et le regretoit souvent, car elle ne cuydoit mye que la chose que apris lui avoit peust estre véritable, et voulentiers l'eust mys hors si elle peust.»

Et que sera-ce donc quand nous aurons entendu le devin lui-même gémir sur sa destinée, et exhaler ses plaintes à Messire Gauvain?

Mais en cela peut-être l'auteur avait-il une intention. N'aurait-il pas voulu mettre à son édifice comme une pierre d'attente pour de futures adjonctions? Mais l'édifice étant complet, et radieux son couronnement, cette pierre n'a pu servir qu'à relier une construction discordante et d'un type dégénéré.

N'est-ce pas de cet aveu que l'auteur vient de nous faire que les continuateurs, ou plutôt les pervertisseurs de la tradition merlinique, tradition si belle et si touchante dans sa primitive conception, ont pris l'idée regrettable de donner une suite à l'histoire de Viviane, et de calomnier ce sympathique caractère au point d'en faire un monstre de méchanceté ? Ils en viendront, d'audace en audace, de dégradation en dégradation, à nous représenter le personnage grave et digne de Merlin sous les traits ridicules d'un vieillard amoureux, libidineux, crédule et dupe, que Viviane traîne à sa suite, dont elle se joue; et il devient la victime de sa perfidie. Pour s'en débarrasser, elle finit par l'enfermer vivant dans un tombeau au milieu d'une forêt. De ce tombeau il ne doit plus sortir. Si vous en approchez, vous entendrez les éternelles, mais impuissantes lamentations du prophète!

APPENDICE

A. ORIGINE DE MERLIN

Le roman de Lancelot du Lac raconte différemment la genèse diabolique de Merlin. Si dans l'œuvre de Robert de Borron, la mère de Merlin, nous apparaît comme la victime involontaire du démon, comme digne de toute pitié et de pardon, dans le roman de Lancelot elle n'est plus aussi excusable.

Voici donc ce qui advint :

Aux frontières d'Écosse et d'Irlande (!) il y avait une damoiselle, fille d'un vavasseur. Après la mort de son père, sa mère la pressa de se marier, car elle était en âge de le faire. La damoiselle lui répondit que jamais elle ne prendrait homme qu'elle pourrait voir de ses yeux, et qu'elle mourrait ou perdrait la raison si on l'y forçait. Sa mère lui demanda si donc toujours elle voulait s'abstenir d'homme.

— Non, dit-elle ; si j'en pouvais avoir un que je ne verrais point, je le recevrais volontiers.

Or il advint que pendant une nuit bien noire, un diable s'introduisit dans le lit de la damoiselle, et là, commença à lui tenir doux propos à l'oreille ; il l'assura que jamais elle ne le verrait. Elle lui demanda alors qui il était.

— Je suis, répondit-il, un homme de terre étrangère, et comme vous n'avez cure d'homme que vous pourriez voir, je suis venu à vous. Moi non plus, je ne voudrais pas coucher avec femme que je verrais. La damoiselle le tâta, et sentit qu'il avait chair et os, et qu'il était bien fait de son corps. Car les diables se forment aucunes fois un corps avec l'air, tellement qu'il semble qu'il soit fait de chair et d'os. Ce que ayant reconnu, et contente que son désir fût réalisé, la damoiselle l'aima moult et accomplit sa volonté. Mais elle n'en dit rien à sa mère, ni à personne.

Ils menèrent cette vie pendant quelques mois et elle s'aperçut qu'elle était grosse, et au terme elle enfanta un fils qui eut nom Merlin, comme le voulait le diable. Mais personne n'en connaissait le père et elle ne le voulait dire. L'enfant ne fut point baptisé. Quand il fut grand, il devint amoureux d'une damoiselle d'une beauté merveilleuse appelée Vivienne, à qui il enseigna tous ses arts d'ingromancie. Cette Vivienne fut la fée qui enleva Lancelot et qui depuis fut appelée la Dame du Lac[37].

B.   VERTIGIER

Le fond de cette histoire de Vertigier est emprunté à Nennius, et principalement à l'*Historia Regum Britanniæ* de Geoffroi de Monmouth. Le romancier a modifié selon son goût les faits historiques rapportés par Geoffroi, mais de plus, il fait des confusions dans les noms des personnages. Je rappelle que, suivant ce dernier, Constantin, roi des Bretons, laissait trois fils. L'aîné, Constant, était faible d'esprit (Alain Bouchard, Livre second) et incapable de régner ; il lui fit prendre l'habit monacal au couvent d'Amphibolle (Winctonia, Winchester), et c'est lui que le perfide Vertigier fit roi. Robert de Borron lui donne le nom propre de Moyne. Les deux autres fils de Constantin étaient Aurelius et Uter. Robert les nomme Pendragon et Uter, et il ajoute qu'après la mort de son frère Pendragon, Uter se fit appeler Uter-Pendragon. — On voit de quelle façon Robert de Borron arrange l'histoire.

C.   LES TROIS CAUSES DE MORT

Les romanciers et les légendaires de Merlin semblent s'être complu à faire intervenir trois causes simultanées de mort dans le trépas d'un même individu. Ainsi dans la *Vita Merlini*, chapitre XLIII, t. II, p. 408, Merlin prédit à sa sœur Ganiéda que tel jeune homme qu'elle lui présente périra par trois causes de mort : il fera une chute, sera suspendu et se noiera ; et cela se réalisa. Ici encore, le baron subit à la fois trois genres de mort, puisque suivant la prédiction de Merlin il fait une chute, se casse le cou et reste pendu, la tête dans l'eau. Et Merlin lui-même, selon le passage du *Scotichronicon*, aurait été victime de trois causes de mort l'accablant à la fois. Tué à coups de pierres, embroché par un pieu au milieu du corps, la tête plongeant dans l'eau.

D.   LES ROIS BAN, BOHORS, ETC.

Il existe plusieurs personnages dont le nom revient fréquemment dans le *Roman de Merlin*, qui prennent une part active aux événements, et que même dans une analyse on ne peut complètement omettre. Il n'est donc pas hors de propos

---

[37] *Bibliothèq. univers. des Romans*, 1775, premier vol. d'octobre.

de donner quelques indications à l'égard de ces personnages : les rois Ban, Bohors et Claudas, Lancelot, Lyonnel et Boort, Farien, Léonce de Paerne. La guerre des deux rois Ban de Benoyc et de Bohors de Gannes, contre le méchant Claudas de la Déserte, tient une large place dans le Roman de Merlin. Ban, roi de Benoye (Benoïc, Benoit) et Bohors (Bohort, Bohor, Boort, Boors) roi de Gannes (ou Gauves) étaient frères germains, et ils avaient épousé deux sœurs germaines. Benoyc, royaume du roi Ban, comprenait les diocèses de Vannes et de Nantes, et la cité de Benoyc pourrait bien être Vannes [38]. Le royaume de Bohors, c'était l'Anjou et sa capitale était Gannes (Angers, P. Paris). Claudas était roi de Berry et sa capitale était Bourges. Son royaume s'appelait aussi La Déserte, parce que son pays avait été dévasté par Uter Pendragon, roi de la Grande-Bretagne, et Aramont, surnommé Hoël, roi de la Petite-Bretagne.

Hoël était suzerain des royaumes de Benoyc, de Gannes et d'Aquitaine jusque aux frontières d'Auvergne, d'Allemagne, et d'Écosse. Il était aussi suzerain de Claudas ; mais celui-ci ne voulait pas le reconnaître pour son seigneur, il s'était allié au roi de Gaule pour lui résister. Hoël pour le soumettre appela à son aide Uter Pendragon, lui promettant en prix de ce service de se déclarer son vassal. Ils dévastèrent donc toute la terre de Claudas et ne lui laissèrent que sa ville de Bourges. Quelque temps après Claudas, aidé des Romains, envahit le royaume du roi Ban, lui prit toute sa terre et l'assiégea dans sa dernière ville de Trible (Trèble, Trèbe). Mais une nuit que le roi Ban était sorti de sa ville avec la reine Helaine et leur fils Lancelot pour aller demander du secours au roi Artus, Claudas s'empara de Trible par trahison et y mit le feu. A la vue de ce désastre, le roi Ban sur-le-champ mourut de douleur. La reine pour aller à son secours dépose son enfant sur le bord d'un lac où ils passaient. En revenant pour prendre son enfant, elle le voit aux mains d'une belle damoiselle qui lui faisait des caresses. La damoiselle l'apercevant venir joint les pieds, saute avec l'enfant et disparaît avec lui dans le lac. La reine Hélaine accablée de douleur, par la perte de son époux et de son enfant, se retire dans un moustier et se fait nonnain. Or cette damoiselle qui avait enlevé l'enfant était une fée bienveillante qui l'éleva avec grand soin. C'était la Dame du Lac.

Le roi Bohors de Gannes mourut bientôt de douleur à cause de son frère le roi Ban, laissant deux jeunes fils, Lyonnel et Boort. Quant à la reine sa veuve, elle se retira dans le même moustier que sa sœur, l'épouse du roi Ban.

Le chevalier Farien qui était dévoué à la reine se chargea de cacher les deux

---

[38] Paulin Paris, Table-Ronde, t. II, p. 111.

jeunes princes et de les élever jusqu'à ce qu'ils fussent en âge de reprendre leur royauté.

Or le roi Claudas devint amoureux de la femme de Farien et à cause de cela éleva celui-ci aux plus hautes dignités.

Mais Farien s'étant aperçu de la perfidie de Claudas, tint sa femme renfermée. Celle-ci trouva l'occasion de révéler au roi que Lyonnel et Boort étaient élevés clandestinement dans le château de son époux. Grâce à un parent de Farien, les deux princes furent mis en sûreté, dans le moustier de la reine Hélaine et de sa sœur.

Après quelques incidents, les deux frères furent recueillis au palais enchanté de la Dame du Lac, où ils se trouvèrent avec leur cousin Lancelot. Ils y furent conduits par leurs gouverneurs Farien et Lambègue son neveu, et par Léonces de Paërne, cousin du feu roi Bohors. Et ceux-ci retournèrent aux états de Gannes pour assurer aux barons que leurs princes étaient à l'abri des atteintes de Claudas [39].

E. VIVIANE

Nynianne est devenue généralement Viviane. — Viviane, note de M. de la Villemarqué, est une altération du mot celtique *Chwiblian* ou *Vivlian*. Les dictionnaires gallois le traduisent avec raison par *nymphe*. Le romancier l'applique à celle que Merlin a appelée jusqu'ici sa sœur, sa Gwendydd (Gwendiz), ou sa Ganiéda (*Myrdhinn*, p. 203).

M. Gaston Paris, au contraire, croit que le véritable nom de Viviane est Ninienne, mot qui, dit-il, a une physionomie celtique, étant le féminin de Ninian, saint breton qui fut le premier apôtre des Pictes à la fin du IVe siècle. Viviane ainsi que les autres variantes seraient des fautes des copistes, et ne peut dériver comme on l'a prétendu du celtique Chwyblian, mot auquel on donne la signification de nymphe, mais qui n'existerait pas en vieux gallois, d'après M. Gaidoz. (G. Paris, *Merlin de Huth*, t. I, introduct., p. XLV).

Que le mot Ninian ait une tournure celtique, puisqu'on l'affirme je le crois. Cependant, au premier aspect, il semble bien porter le cachet latin Ninianus. Avant de revenir évangéliser son pays, Ninian avait passé vingt-quatre ans à Rome pour s'instruire.

---

[39] *Roman de Lancelot du Lac*. Bibliothèque universelle des Romans. Octob. 1775, premier volume, p. 64.

Viviane en gallois *Houib-Lelian*, Prêtresse-Souffle, Follet. (Brizeux, notes sur le poème *Les Bretons*).

F.   LA FONTAINE

A la vérité, le livre ne dit point que cette fontaine soit celle de Barenton; mais en tenant compte de la tradition qui donne au Perron de Barenton le nom de Perron de Merlin, en tenant compte aussi du nom de Viviane, Niniane, Ninienne importé jadis je ne sais comment et non tout à fait oublié encore dans la contrée, il est bien permis de supposer que la «moult belle et clere fontaine dont le gravier luisait comme fin argent» n'est autre que Barenton, car tout ceci se passe dans la Petite-Bretagne.

G.   L'ARCHEVÊQUE DUBRICE

L'archevêque Dubrice, personnage important, dont il est plusieurs fois mention dans l'histoire d'Artus, naquit en Grande-Bretagne, Il devint évêque de Landaf et plus sûrement de Kerléon, Caerléon, en 495, il se retira en 516. Dans un synode tenu à Brevi en 512, il se démit de son archevêché en faveur de saint David, et se retira dans l'île de Bardsey, sur la côte de Caernarvon, pour y mener la vie d'ermite. Il y mourut peu de temps après (522) et y fut enterré (Dom Morice, *Histoire de Bretagne*, t. 1, note 39, p. 935. — Godescard, *Vie des Saints*, t. XI, 14 novembre). — Usserius, *Prim. cap.* 5, p. 63, et *cap.* 13, p. 238-239.

H   KYLKH Y GWYNFYD (LE CERCLE DU BONHEUR)

Triade 12. — Il y a trois cercles de l'existence: le cercle de la région vide (ou de l'infini) où, excepté Dieu, il n'y a rien de vivant ni de mort, et nul être que Dieu ne peut le traverser; le cercle de migration où tout être animé procède de la mort, et l'homme le traverse; et le cercle de félicité (*Kylkh y Gwynfyd*) où tout être animé procède de la vie et l'homme le traversera dans le ciel. (Les mystères des bardes de l'île de Bretagne, dans Henri Martin, *Histoire de France*, t. 1, 1855, p. 74-76).

NOTE DE L'ÉDITEUR :

La traduction de la triade XII du *Cyfrynach beirdd ynys Prydain* que citait Henri Martin était celle de Pictet (Genève, 1854). La traduction de Philippe et

Patricia Camby (*Triades des druides de Bretagne*, Genève, arbredor.com, 2002) est la suivante : « Trois sphères d'existence : la sphère de *ceugant*[40] où rien n'existe, sinon Dieu, de vivant ou de mort, et personne, sinon Dieu, ne peut la connaître ; la sphère d'abred[41] où toutes choses procèdent de la mort et l'homme la traverse ; et la sphère de gwynfid[42] où toutes choses jaillissent de la vie, et l'homme la connaîtra dans les cieux. »

---

[40] *Cylch y Ceugant* est traduit par Edward Williams : « le cercle de l'infini » *(the circle of infinity)* et par Pictet : « le cercle de la région vide ». Ceugant est apparemment composé de *ceu (= cau)* creux, vide et de *cant,* circonférence du cercle. Outre cela *ceugant* signifie aussi : certain, *yn geugant* : certainement ; *ceugant yw angeu* : certaine est la mort. Dans son dictionnaire, Owen donne à *ceugant* l'acception d'infini et traduit *cylch y Ceugant* par « le cercle d'infinitude » *(the circle of infinitude).* La notion de « vide » ne fait aucun doute (Cf. *ceu-bren* : arbre creux ; *ceunant* : ravin, vallée creux (-se) ; *ceucdd* : vide ; *ceudawd* : cavité). Nous pouvons entendre *cylch y Ceugant* comme : « la sphère de la vacuité ».

[41] *Cylch yr Abred* est traduit par Williams « le cercle du commencement » *(the circle of inchoation),* par Turner « le cercle du mal » et par Pictet « le cercle de transmigration ». *Abred* semble composé de *ab,* d'où *(from)* et *rhed,* le voyage *(a course),* en référence à la migration des âmes. Le sens ordinaire d'*abred* est : mal *(abredig, abredawg* : mauvais, vil) mais *abrediad* signifie transmigration et le verbe *prediaw* (forme mutée : *bred-iaw*) signifie errer (au sens de l'ancien français : progresser, avancer). On peut traduire *Cylch yr Abred* par « la sphère des progressions ».

[42] Composé de *gwyn* : beau, heureux, blanc, blond, et de *byd* : le monde, le sens de *gwinfid* est double : il s'agit à la fois du « Monde blanc » et du « Pays du bonheur ». Pictet traduit : « le cercle de félicité ».

LE ROMAN DE PONTHUS

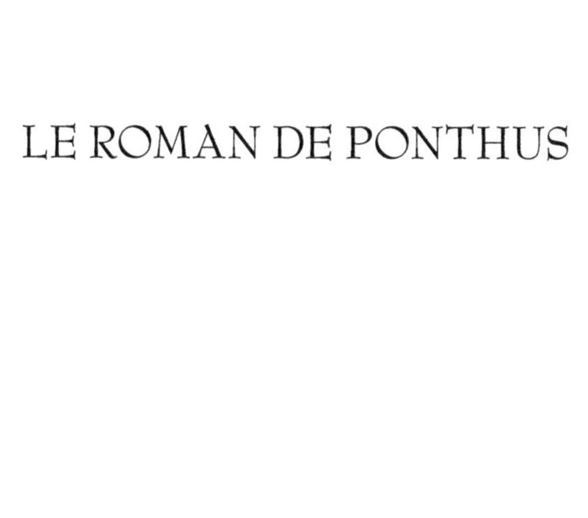

I

L'auteur du Roman de Ponthus n'est pas connu; on suppose qu'il a vécu du XIIIe au XIVe siècle. Son œuvre n'a été imprimée, qu'au commencement du XVIe; il en existe au moins deux éditions, c'est néanmoins un livre fort rare. L'une a été imprimée à Paris par Jehan Trepperel. C'est un volume ayant pour titre: «Ensuyt le livre de Ponthus, fils du roi de Galice, et de la belle Sidoyne, fille du roy de Bretagne.» Il se termine ainsi «Cy finist l'histoire du noble roi Pontus, fils du roi de Galice, et de la belle Sidoyne, fille du roi de Bretaigne. Imprimé nouvellement à Paris pour Jehan Trepperel, imprimeur et libraire.» Il est sans pagination ni table, comprend cinquante-sept feuillets écrits sur deux colonnes de quarante lignes chacune, en caractères fins. L'autre est en plus gros caractères et d'un plus grand format, et imprimée sur une seule colonne. Le livre est aussi sans pagination. A la fin est écrit: «Cy finist le très excellent roman du noble, et chevaleureux roy Ponthus, et de la très belle Sidoyne, fille du roi de Bretaigne, Imprimé par Maistre Guillaume Leroy, à Lyon [43]». — L'un et l'autre sont ornés de quelques gravures d'un art encore rudimentaire. Ce roman est en prose et se compose de 58 à 60 chapitres non numérotés, ayant chacun son titre.

Un résumé assez étendu de ce roman est inséré dans l'ouvrage intitulé *Mélanges tirés d'une grande bibliothèque* (K). 2e titre *De la lecture des livres français*. (Suite de la 5e partie. Romans du XVIe siècle, sect. III). Paris, MDCCLXXX [44]. L'auteur dit avoir suivi pour son travail une édition imprimée à Paris, au commencement du XVIe siècle, la seule qui ait encore été faite, ajoute-t-il; et il l'a trouvée conforme à deux manuscrits remontant au XVe siècle.

La charte des *Usements de Brecilien*, donnée par le comte de Laval, en 1467, mentionne le *Livre de Ponthus*. Il s'agit ici très vraisemblablement du livre imprimé plutôt que des manuscrits; il faudrait donc admettre que la première édition de ce roman est antérieure au XVIe siècle, et qu'elle a quelque peu devancé cette date de 1467.

Cet ouvrage doit attirer notre attention, parce qu'un épisode important, le principal même, se passe à notre Fontaine de Bérenton, que l'auteur appelle la Fontaine des Merveilles ou des Aventures; ensuite parce qu'un lieu voisin dans la

---

[43] Les premières pages de l'exemplaire manquent.
[44] Par Voyer d'Argenson, marquis de Paulmy, et Constant d'Orville.

forêt porte le nom de Château de Ponthus. Quant à notre forêt de Bréchéliant, elle y est désignée sous les noms de Berthélien, Bertélien, Bethelien, Betelien, Brucellier. Je reproduirai assez longuement cet épisode, mais je vais présenter un résumé fort succinct du reste du roman.

II

Anciennement régnait en Galice un roi nommé Tibour, qui par sa justice et sa bonté avait su gagner l'amour de ses sujets. De son mariage avec la fille du roi d'Aragon il avait eu un fils nommé Ponthus, destiné à devenir son héritier. Il lui adjoignit pour compagnons le jeune Polidès, cousin de Ponthus, et douze autres jeunes barons des premières familles de son royaume, et il leur fit donner une éducation digne de leur rang.

Tout présageait une longue ère de bonheur, lorsque Broadas, l'un des trois cadets du sultan de Babylone, débarque à la Corogne avec une puissante armée de trente mille hommes, amenée sur une nombreuse flotte ; et dès le lendemain la capitale est prise d'assaut et saccagée. Tibour périt, et Broadas se fait proclamer roi de Galice. Ponthus et ses treize compagnons échappent au massacre, et grâce à l'adresse de Patrice le sénéchal, et du comte Desture, frère de Tibour et père de Polidès, qui dans le but de pouvoir adoucir le sort des vaincus, feignirent d'embrasser la religion de Mahomet, afin de mériter ainsi la confiance de Broadas, ils s'embarquent secrètement.

Tempête et naufrage sur les côtes de la Petite Bretagne, où les quatorze compagnons arrivent à la nage. Ils sont rencontrés par Herlant, sénéchal du roi de Bretagne. Herlant, touché de leur infortune et charmé de leur courtoisie et de leur noblesse, les conduit à Vennes (Vannes), où le roi tenait sa cour. Le roi les reçoit avec bonté et distinction, comble de caresses Ponthus et Polidès, et pour présider à leur éducation jusqu'au moment où ils recevront l'ordre de chevalerie, il confie chacun des quatorze damoisels à autant de seigneurs les plus distingués de sa cour. Ponthus fut confié au sénéchal Herlant et Polidès au sire de Laval (nom des seigneurs de Brécilien).

Les jeunes varlets touchaient à leur seizième année, lorsque le roi tint sa cour plénière à Vennes. Les fêtes réunirent tous les hauts seigneurs de la Bretagne ; les jeunes Galiciens y vinrent avec les chevaliers chargés de leur éducation. Ponthus et Polidès firent honneur aux soins du sénéchal et du sire de Laval, mais surtout

Ponthus; jamais damoisel ne parut si beau, de si noble maintien, et si courtois envers les darnes.

Sidoine, la fille du roi, qui était d'une rare beauté, faisait les honneurs des fêtes. Elle ne put voir Ponthus sans être touchée au cœur, et Ponthus de son côté s'éprit pour elle d'un violent amour. — Ils s'avouent l'un à l'autre leur tendresse; la princesse agrée Ponthus pour son chevalier, et pour sceller leur promesse de s'aimer toujours, elle lui donne un anneau; l'amant jure qu'il ne s'en séparera qu'avec la vie. .

Pendant que Broadas s'emparait du royaume de Galice, Carados, son jeune frère, convoitait la conquête de la Petite Bretagne. Avec une puissante armée, il débarque à Brest; et., croyant faire acte de générosité, avant de livrer bataille il envoie à Vennes un de ses chevaliers géants sommer le roi d'embrasser la religion de Mahomet, et de se reconnaître son vassal.

Ponthus, qui était présent, est transporté d'indignation; il jette son gant à l'insolent, et il s'apprête au combat. Il supplie le roi de permettre que la belle Sidoine lui ceigne l'épée. Le Sarrasin est occis, Ponthus lui tranche la tête.

Le roi rassemble ses barons pour aller combattre les mécréants. Parmi les preux qui accourent à son appel, se voient le sire de Laval, Herlant le sénéchal, le comte de Rohan, etc. Grâce à la valeur de Ponthus, la victoire est aux chrétiens; Ponthus a même délivré le roi que Carados avait fait prisonnier pendant le combat, et tue Carados de sa propre main. Mais plusieurs chevaliers chrétiens trouvèrent aussi la mort en cette journée, tels Hardy de Léon, Hubert de Dinan, Geoffroy de Rohan. D'autres furent grièvement blessés: Geoffroy de Lusignan, Landry de la Tour, Bernard de la Roche.

La belle Sidoine, accompagnée des dames et des demoiselles, s'avance à la rencontre des vainqueurs pour féliciter son père de la victoire, et pour remercier son amant de le lui avoir conservé.

Le roi, se sentant affaibli par l'âge, invite ses barons à se choisir un connétable qui puisse les conduire à la guerre. Ceux-ci n'en trouvent pas de meilleur que Ponthus, «car, disent-ils, il est digne de commander un empire, étant pourvu de beauté, de bonté, de sens, de gentillesse, de vaillance, est fils de roi, et le plus va-leureux chevalier qui aujourd'hui soit vivant.» Ponthus devient donc connétable de la Petite Bretagne.

Mais les succès éveillent la jalousie; Guennelet[45], l'un des jeunes Galiciens

---

[45] Guennelet rappelle Guenes, le traître Guenes ou Gannelon, de la chanson de Roland

compagnons de Ponthus, sut le desservir auprès de la belle Sidoine. Il assure mensongèrement à Elios, la confidente de la princesse, que Ponthus est infidèle à Sidoine, qu'il aime et lui préfère une autre demoiselle. Le perfide savait bien qu'Elios, dans sa droiture, ne manquerait pas de dire à sa maîtresse la prétendue déloyauté de son amant. La princesse, blessée, ne daigne plus parler à Ponthus. Celui-ci, ne pouvant comprendre la cause de sa disgrâce, désespéré, quitte la cour après avoir confié ses richesses au sénéchal Herlant, et se retire dans la forêt de Berthelien.

COMMENT PONTHUS SE PARTIST DE LA COUR
DU ROY SECRÈTEMENT

Ponthus, avec ses gens, partit de la cour à minuit, le plus secrètement qu'il put. Il chevaucha tout le jour et finit par entrer dans la forêt de Bertelien ; il se retira dans un ermitage au plus profond du bois. Il y resta sept jours, allant chaque matin ouïr la messe au prieuré voisin, et faisant dure abstinence, jeûnant trois jours de la semaine, et le vendredi vêtant la haire. Puis il songea qu'il donnerait joute d'armes, et il fit des lettres qui disaient ainsi :

« Le Chevalier noir aux armes blanches fait assavoir aux vaillants chevaliers de chacune contrée, qu'ils le trouveront à la Fontaine des Merveilles ou des Adventures, en la forest de Bertelien, en ung pavillon noir aux armes blanches, tous les mardis de l'année à l'eure de prime, et y trouveront son escu pendant à ung arbre, et si aura ung cor que ung nain sonnera, et sitost qu'il l'aura sonné, sauldra une damoiselle ancienne à ung cercle d'or, accompagnée d'ung hermite, laquelle leur dira qu'ils feront, et les menera au pré où le Chevalier noyr sera armé de toutes armes, lequel joustera trois coups de lance à fer molle, et après la jouste il se combattra à l'épée tranchant, sans pointe, jusqu'à oultrance. — Et celui qu'il conquerra demandera à tous les chevaliers de bonne foy la plus belle pucelle tenue du royaume de la Petite Bretaigne, et à celle il se rendra prisonnier à faire sa volonté de par le chevalier noir doulent aux armes blanches, et est assavoir que tous les chevaliers qui auront jousté à luy se rendront à la Penthecouste, dedans ung an en celle forest, à une feste qui s'i fera, et celui qui aura le mieux jousté aura la lance et le confanon et ung cercle d'or à margarites, et celui qui aura plus dur féru de son espée aura l'espée à renges (beaudrier) dorés et la couronne d'or,

---

(NDE).

et s'il advient que aulcun conquerre le Chevalier noyr, il le pourra envoyer tenir prison à celle dame ou damoyselle comme il luy plaira. »

COMMENT PONTHUS MANDA UNG NAIN PAR TOUTES LES CONTRÉES DE FRANCE ET DE BRETAIGNE, ANNONCER UNG FAIT D'ARMES QUI SE FEROIT EN LA FOREST DE BERTELIEN TOUS LES MARDIS DE L'AN

Et ayant fait quérir un nain, il l'équipa richement, lui bailla les lettres et lui ordonna de les faire assavoir par toutes les contrées de France, là où il y aurait assemblées de fêtes et de joutes.

Beaucoup de chevaliers s'appareillèrent à venir, tant de Bretagne que d'autres pays, se disant que ce serait grand honneur à qui pourrait conquérir le Chevalier noir ; et il en vint bientôt assez.

Ponthus avait fait jurer à ses gens, ermite et prieur, de ne le découvrir à personne, et il envoyait à Rennes, qui devant avait nom Ville Rouge[46], quérir tout ce que il lui fallait. Il envoya quérir une vieille Damoiselle, qui était sa privée et de sa connaissance, et l'habilla de telle manière qu'elle ne pût être reconnue, et lui-même se déguisa en ermite, avec un faux visage, une barbe blanche et grand manteau.

Or, ce mardi matin, vinrent à la Fontaine des Merveilles beaucoup de chevaliers pour jouter d'armes, et ils virent une grande tente et un pavillon. Bientôt un nain fort laid et fort camus sortit du pavillon et vint à un grand arbre, où pendait le cor et l'écu du Chevalier noir aux armes blanches. Il sonna du cor et la damoiselle sortit du pavillon et fit crier par le nain que les chevaliers de toute contrée qui voudraient faire armes au Chevalier noir, pendissent leur écu à un arbre où il y avait des petits crochets de fer, et que la damoiselle en choisira quatre, contre lesquels elle tirera une flèche empennée d'or. Et que le chevalier dont elle frappera en premier l'écu, combattra ce premier mardi ; et combattront les deuxième, troisième et quatrième mardis, ceux dont les écus auront été frappés en deuxième, troisième et quatrième rang. Et au bout d'un mois elle tirera de nouveau quatre flèches contre quatre autres écus, et ainsi fera-t-elle chaque mois jusqu'au bout de l'an, jusqu'à ce que le Chevalier noir ait trouvé qui le conquière par les armes.

Quand le nain eut ce dit, il entra tout à cheval dedans le pavillon et apporta

---

[46] Voir *Appendice A*. Vennes — Rennes, Ville Rouge.

un arc turquois merveilleusement beau, et quatre sagettes (flèches) empennées d'or. La Damoiselle prit l'arc et les flèches, puis consulta l'ermite, pour savoir quels écus férir. Le premier fut Bernard de la Roche, tenu pour le meilleur chevalier de Bretagne ; le second fut Geoffroi de Lusignan, le meilleur de Poitou ; le troisième, Landry de La Tour, le meilleur des Angevins ; le quatrième, le comte de Mortain, le meilleur des Normands.

COMMENT PONTHUS CONQUIST PREMIER BERNARD DE LA ROCHE, ET L'ENVOYA PRISONNIER À LA BELLE SIDOINE

Puis l'ermite entra dans la tente, revêtit ses armes et sortit bientôt monté sur un grand cheval caparaçonné de noir aux armes blanches richement brodées. Le chevalier se faisait admirer par sa taille et son fier maintien. Nul ne pensait que ce pût être Ponthus, car on le croyait en Pologne ou bien en Hongrie où il y avait guerre.

Il ne tarda guère que Bernard de la Roche arrivât, richement armé, à grand'foison de trompettes et de ménétriers, tant que tout en retentissait. « Le Chevalier noyr print une coupe d'or, et puis puisa en la fontaine et en arrousa la pierre, et quand le heaulme fut pendu, il commença à tonner, à gresler et à faire fort temps, mais il ne dura gayres. Si s'en merveillèrent moult les estrangers de la merveille de celle fontaine, et toujours l'arrousait-il devant combattre[47]. »

Puis il remonta sur son cheval, et prit la lance et le heaume sur la tête, et férit des éperons vers Bernard, et Bernard vers lui. Ils s'entredonnèrent de si grands coups de lance, qu'ils percèrent leurs écus ; puis passèrent outre, et s'en revinrent derechef, et s'entreférirent tellement, que Bernard et son cheval chéurent en un moncel.

Mais Bernard saillit sur pieds ; et quand le Chevalier noir le vit sur pieds, il descendit et lui vint courre sus à tout le *branc* (épée à deux mains) fourbi, et lui donna de grands coups là où il le peut atteindre, et Bernard se défendit à son pouvoir ; mais Ponthus férit de si grands coups et si durs, qu'il abattit ce qu'il atteint ; et tant lui donna de coups et férit, qu'il lui abattit la visière du heaume et le blessa un peu au visage.

Et Bernard haussa le branc et férit Ponthus, et quand Ponthus le vit venir, il jeta, son écu devant, et le coup descendit sur l'écu et entra bien demi pied de-

---

47. Voir *Appendice B*. La Fontaine des Merveilles.

dans, tellement qu'il ne pouvait ravoir son branc, tant se tenait fort ; et Ponthus qui bien l'aperçut tira à soi son écu de grande force, tant que le branc s'en vint avec l'écu ; et quand Bernard se vit sans épée, il était moult esbahi.

Lors lui dit Ponthus : Doux chevalier, il est temps que vous alliez à la merci de la plus belle pucelle du royaume. Et Bernard ne lui répondit mot, comme celui qui était fier et courroucé ; et Ponthus lui dit : Chevalier, ja se Dieu plait ne vous fierai (*frapperai*) quand vous n'avez de quoi vous défendre.

Lors Bernard vint et le cuida prendre par les poings ; et Ponthus qui était grand et fort s'avança et lui ôta le heaume, et le tira à soi si féloneusement qu'il le fit cheoir des mains à terre, et le mit sous soi.

Lors lui dit Ponthus : Chevalier, je vous laisse aller en la prison de la plus belle de ce royaume, et me la saluez de par le Chevalier noir ; puis se retrait.

Et Bernard vit bien la débonnaireté du chevalier. Si l'en prisa plus et se leva et vint aux chevaliers qui regardaient la bataille et leur dit : « Beaux seigneurs, j'ai trouvé mon maître, onques mais ne trouvai si dur chevalier ni si courtois. Or y a plus fort que je vous demande en loyauté, que vous me disiez en vérité laquelle est la plus belle pucelle de ce royaume ? » — Si dirent tous à une voix que (c'était) la fille du roi appelée Sidoine, et eut la voix de tous ; et s'en partit pour aller à Vennes.

Or laissé-je un peu à parler de Bernard de la Roche, et m'en reviens à Ponthus, lequel monta à cheval et se mit en la forêt, bruyant et courant, et alla par certain chemin qu'il savait, si que nul ne sut qu'il devint, si vint à la prioré et ferma la porte sur lui, puis descendit et se fit désarmer.

La demoiselle et les autres aux faux visages demeurèrent jusqu'à la nuit aux pavillons, et puis s'en revinrent quand tous les autres furent retraits.

Si laisse à parler d'eux et m'en retourne à Sidoine et à Bernard de la Roche.

Sidoine était nuit et jour en douleur, en mésaise, car quand Elios, sa demoiselle, lui eut conté ce que Ponthus lui avait dit, qu'il irait hors du pays, elle pensait que c'était pour la mauvaise chère qu'elle lui avait faite, dont elle se repentait à merveilles, et se clamait souvent et menu : Hélas ! disait-elle, c'est par ma folie que je l'ai perdu ! Maudite soit celle qui m'apporta pareilles nouvelles ! Car je vois bien qu'il avait peur de me courroucer, autrement il n'eût pas quitté le pays. Combien je fus égarée en doutant que son cœur fut loyal autant que nul ! — Et ainsi nuit et jour se lamentait la belle Sidoine.

Bernard arrive à la cour, demande la belle Sidoine et dit qu'il était son prisonnier. Et le roi l'envoya quérir, et elle vint, accompagnée de dames et de demoiselles ; et là s'assemblèrent toutes manières de gens pour ouïr Bernard, le sire de la Roche. Celui-ci s'agenouille devant Sidoine et lui dit : « Madame, à vous m'envoie le Chevalier noir aux armes blanches, lequel m'a conquis par sa prouesse, et m'a dit que je me rendisse prisonnier à la plus belle damoiselle de ce royaume. Je m'en suis enquis à tous les chevaliers, et dirent tous que c'était vous. C'est pourquoi je me rends à vous comme votre prisonnier, à en faire comme du vôtre ; et encore me dit-il plus que je vous saluasse de par lui. »

Sidoine rougit et eut grand honte pour tant qu'on la regardait comme la plus belle. « Vraiment, dit-elle, la leur merci, car ils m'ont petitement advisée ; mais j'en merci le Chevalier noir qui cy vous a envoyé. Or dictes moi si vous savez point qui il est ? »

— Vraiment non, Madame.

— Comment, dit le roi, ne peut-on savoir qui il est ?

— En vérité, Sire, non, dit Bernard, mais, tant vous en dis-je qu'il est le plus vaillant que je vis onques, et qui sait mieux férir de lance et d'épée. Et me semble qu'il est un peu plus grand que Ponthus et lui ressemble bien, mais ce n'est pas lui, car on le dit à faire la guerre en Pologne ou Hongrie.

Assez en parlèrent tous du Chevalier noir, et comment ce prochain mardi il devait combattre à Geoffroy de Lusignan, et l'autre mardi à Landry de la Tour, et puis au comte de Mortain. Le roi et les dames firent grande fête à Bernard de la Roche, et mangèrent tous avec le roi en la salle.

Sidoine se bourdait (*plaisantait*) avec Bernard et lui dit :

Sire, j'ai bien cher d'avoir un tel prisonnier, si devez avoir grand doubte (*crainte*) quelle prison vous aurez à souffrir.

Et Bernard se print à sourire et lui dit : Madame, si je n'ai plus dure prison que celle-ci, je l'endurerai bien ; mais je pense que avant qu'il soit un an passé, que vous en aurez plus largement, et tant que je ne serai pas seul.

Après dîner, commencèrent à danser, mais Sidoine ne dansa guère, et encore eût-elle fait moins, si ce ne fut qu'elle avait peur qu'on s'aperçût de son courroux.

COMMENT PONTHUS CONQUIST GEOFFROY DE LUSIGNAN ET L'ENVOYA PRISONNIER À LA BELLE SIDOINE

Le second mardi, Geoffroy de Lusignan vint, armé de toutes armes, devant la fontaine. Aussitôt le Chevalier noir sortit du pavillon la lance au poing, l'écu au col. Au premier choc, leurs chevaux s'abattirent, mais si malencontreusement pour Geoffroy de Lusignan, qu'il se trouva la jambe engagée sous son cheval, en telle manière que ni cavalier ni cheval ne pouvaient bouger.

Ponthus aida le chevalier à se relever, mais celui-ci avait un pied déboîté, et il ne pouvait se tenir que sur l'autre. Cependant, il mit la main à l'épée, car il était de grand courage. Ponthus voyant qu'il ne se tenait que sur un pied ne voulut pas le frapper, mais il se laissa férir d'un coup ou deux, et il lui dit: «Chevalier, ce serait honte à moi de vous assaillir.

— Pourquoi? répond Geoffroy de Lusignan, je ne me tiens pas pour vaincu, tant que je peux manier une épée;» et il s'apprêtait à férir Ponthus, mais il heurta de son bon pied contre une pierre et tomba.

Ponthus vint encore l'aider à se redresser. «Sire, lui dit Ponthus, je vois votre mésaise, aussi je ne vous courrai pas sus. Vous ne vous rendrez pas à moi, mais à la plus belle demoiselle de Bretagne, qui vous prendra à merci, et me la saluez de par le Chevalier noir. Si vous prie que nous n'en fassions pas davantage, car je connais votre vaillance, et sais que si vous aviez été sain, vous ne m'auriez pas laissé en cet avantage.»

— J'irai où vous m'avez commandé, répond Geoffroy de Lusignan, mais s'il ne vous déplaisait, je vous demanderais votre nom.

— Ni vous ni un autre ne le saurez, répartit Ponthus; et il prit congé de lui et disparut dans la forêt.

Alors, les autres chevaliers présents se prirent à dire entre eux: «Il est moult courtois et gentil le Chevalier noir, car il n'a pas voulu toucher le chevalier qu'il voyait tant maltraité, et l'a par deux fois relevé bien doucement;» et ils faisaient grande louange de sa débonnaireté. Puis vinrent autour de Geoffroy de Lusignan, qui ne se pouvait bouger, et celui-ci dit à Landry de la Tour: «Beau compagnon, j'attendrai jusqu'à mardi pour vous faire compagnie d'aller voir la belle Sidoine, si vous ne mettez plus grand remède en vous que j'ai fait en moi.»

— Sire, lui répond Landry, les aventures d'armes sont chanceuses; vous ne seriez pas en l'état où vous êtes si votre cheval n'était pas tombé, accident dont nul ne se pourrait garder; mais je ne pense pas avoir honte si je poursuis tels chevaliers comme vous et Bertrand de la Roche êtes.

Ils parlèrent ensuite de diverses choses, et on porta Geoffroy de Lusignan bien doucement à Montfort.

COMMENT AU TIERS MARDI PONTHUS CONQUIST LANDRY ET L'ENVOYA À LA BELLE SIDOINE

« A l'autre mardi le jour fut bel. Or advint que de toutes parts vinrent gens pour veoir la bataille, si que, à l'heure de prime, vint le grand Chevalier noir aux armes blanches, et de l'autre part Landry, et tant de loin comme ils s'entrevirent, ils laissèrent courre leurs chevaux tant comme ils purent, et couchèrent leurs lances où les confanons pendaient, et de grand haste s'envindrent férir sans eux abattre, et passèrent outre. Puis revindrent en arrière si rudement qu'ils brisèrent leurs lances, si tellement qu'ils percèrent leurs écus.

« Si se coururent sus des brans d'acier fourbis, et se donnèrent de grands coups, là où ils se pouvaient atteindre souvent menu, et furent grand pièce à cheval. Toutefois, Ponthus se dressa sur les étriers et fiert Landry de toute sa force, tant qu'il en fut tout estourdi et estonné, et quant Ponthus eut fait ce coup, si le vit chanceler. Lors le print par le heaume, et le tira tellement à soi qu'il l'abattit à terre tout étourdi.

« Et toutefois, Landry se releva le plus tôt qu'il put, et quand Ponthus le vit à terre, se dit qu'il ne l'assauldrait point à cheval, et il serait à pied, que à honte ne lui fust tourné. Si descendit de son cheval et mist son écu devant soi, l'espée au poing et lui vint courre sus, et Landry s'appareilla de soi défendre au mieux qu'il peust, car il sceut bien qu'il n'avait pas à faire à un enfant.

« Ponthus vint et fiert moult grand coup parmi l'escu, tellement qu'il en abattit un quartier. Et Landry le fiert aussi et lui donna des grands coups là où il le peut atteindre, et moult bien se défendit de tout son povoir comme un Chevalier qui a merveilles estoit dur et fort. Si endura moult ; et Ponthus le refiert et lui donnait de moult grands coups là où il povoit atteindre, et moult s'esmerveilloit comment il se povoit tant tenir encontre lui.

« Si se despeçoient les heaumes et les escus, et se lassèrent tant du premier assaut qu'il convint par droite force qu'ils reprissent leur haleine. Si s'apoyèrent un peu sur leurs brans, puis Landry parla un peu et dit : Doux chevalier, je ne sçai que vous estes, mais tant puis-je bien dire que je ne pensois pas au matin trouver tant de force et tant de vaillance en vous comme j'ai esprouvé, mais avant que vous me oultragiez par armes, il vous conviendra encore plus faire que fait n'en avez.

— Voire, dist Ponthus, par ma foi, vous vous rendrez à la plus belle pucelle ou mon cœur me ment, si lui porterez cest don de ceste épée.

« Lors haussa l'espée et fiert Landry de toute sa puissance, comme celui qui avoit grant vergoigne qu'il duroit tant contre lui, et qu'il n'en venoit plus tost à chief.

«Lors commença la bataille d'eux fort dure, tant que le sang leur couloit aux pieds, et Ponthus lui donna un grand coup endroit la temple, tellement que le heaume en fut moult empiré. Ponthus tourna son escu et prist l'espée à deux mains, et fiert Landry de si grant force qu'il en fust tout estourdi et ne savoit s'il estoit jour ou nuit.

«La bataille estoit tant dure de eulx deux, que à peine se povoient plus soustenir, et Ponthus fiert tant et refiert qu'il aperceut bien que Landry estoit las et estonné des coups qu'il lui avoit donné, si hasta fort, et quand il le vit chanceler, si vint à lui et le hurta et bouta de toute sa force, tellement qu'il l'abatist et cheit à terre, et ne se povoit movoir et relever.

«Et Ponthus lui dist: Chevalier, rendez-vous. Et Landry ne sonnoit mot; mais endura grant peine, et avoit grant deuil de soi rendre.

«Si lui dist Ponthus, comme celui qui a merveilles estoit courtois: Doux chevalier, rendez-vous à la belle pucelle, je vous en prie, et que plus n'y ait de débat entre vous et moi, car assez avons esprouvé l'un et l'autre.

«Lors cogneut bien Landry la courtoisie du chevalier à qui il s'estoit combattu, si lui dist: Sire, à celle me rendrai-je volontiers, puisqu'il vous plaist.

—Il me souffit, dist Ponthus.

Lors, se partist Ponthus, moult et las et travaillé des grands coups qu'il avait donné et receu, et monta à cheval à grand'peine, et se mit en la forest où il alloit grand alleure, tant qu'il fut perdu de vue.

—Ha! dist Geoffroy, beau compagnon, nous irons vous et moi ensemble à la très belle, et nous rendrons à sa merci.

—Sire, dist Landry, je vous y ferai compagnie, car il n'estoit pas raison que vous y alissiez sans moi.

«Ainsi se hourdèrent l'un à l'autre, puis fut désarmé et eust beaucoup de plaies, mais il n'avoit garde, car il n'avoit plaie dont il laissât de chevaucher. Si s'en allèrent rendre à la belle Sidoyne. Le roy leur fist grant feste et grant honneur, comme aux deux meilleurs chevaliers qu'on sceust en nulle, terre, et les plus renommés de grant chevalerie.

«Si vindrent à Sidoine et se mirent à sa merci; et celle qui moult fut saige et courtoise les receut à grant joie, et les festoya et honnoura, et leur donna manteaux de soie fourrés de vair, et ceintures belles et riches; à chacune ceinture pendait une belle aumônière. Si la mercièrent les prisonniers, et dirent que bien leur estoit pris de leur prison, car telle prison n'est pas forte à endurer.

—Seigneurs, dit-elle, je ne sçais qui est le chevalier qui cy vous envoie, mais lui et vous me faictes un très grant honneur sans cause, car de plus belles et de plus advenantes, il y en a assez en ce royaume, qui les voudroit chercher.

« Ma Dame, dirent les chevaliers, il convient croire le commun, car tous vous ont élevé pour telle.

« Si bourdèrent assez de maintes choses et furent là deux jours, l'un avec le roy, l'autre avec Sidoine, et puis eurent congié. Si s'en partirent pour voir la bataille du comte de Mortaigne, qui estoit bon chevalier. »

COMMENT LE QUART MARDI PONTHUS CONQUIST THIÉBAULT DE BLOYS, COMTE DE MORTAIGNE, ET L'ENVOYA COMME LES AUTRES, ET AUSSI DES AUTRES CHEVALIERS AUX MARDIS ENSUYVANS

Après virent issir la Damoiselle qui avait son arc turquois et ses quatre sagettes comme autrefois avez vu, et avec elle était le nain et l'ermite au faux visage qui la menait par le frein doré, et lui faisait signe auquel écu elle tirerait pour la journée venant : Et la Damoiselle férit premier en l'écu de Thiébault de Blois, comte de Mortaigne, qui était renommé moult bon chevalier ; et l'autre sagette en l'écu du comte de Dampmartin ; et la tierce sagette en l'écu de Henri de Montmorency ; la quarte en l'écu de Robert de Roussillon : c'étaient les quatre chevaliers plus renommés des autres grands chevaliers dont les écus pendaient pour cette journée. Car Ponthus avait ses espies qui enqueraient des meilleurs chevaliers, et quelles armes ils portaient, et pour ce, il ne pouvait faillir à les connaître ; dont tous dirent : la Damoiselle n'a pas failli à élire les meilleurs. Et quand elle eut tiré ses quatre sagettes, ils se retirèrent au pavillon.

Il ne tarda guère que le Chevalier noir sortit du pavillon tout armé. Et d'autre part vint le comte de Mortaigne, à grant foison de trompettes et de bussines. Ils laissèrent courre leurs chevaux l'un contre l'autre, et ils se donnèrent de grands coups. Mais Ponthus renversa son adversaire, et lui ayant arraché son heaume, il lui asséna un grand coup avec le pommeau de son épée. Le comte fut contraint de s'avouer conquis, et Ponthus lui ordonna de se rendre à la plus belle demoiselle de Bretagne, puis il se mit dans la forêt.

Le comte s'en alla rendre à Sidoine comme les autres avaient fait, et elle lui fit très grand honneur, ainsi que le roi son père.

Les mardis suivants Ponthus jouta contre le comte de Dampmartin, Henri de Montmorency, Robert de Roussillon, etc. De tous royaumes vinrent des meilleurs chevaliers se mesurer contre lui, et il y eut de belles joutes. Mais tout cela serait trop long à raconter, dit le livre.

Finalement, cinquante-deux chevaliers, des meilleurs qu'on peut savoir en nulle terre, furent battus, et les envoyait Ponthus en la prison de la belle Sidoine. Au nombre des cinquante deux fut le duc d'Auteriche, le duc de Lorraine, le duc de Bar, le comte de Montbellial, le comte de Montfort, le duc de Savoie, et moult d'autres ducs et comtes ; messire Guillaume des Barres, messire Hernoult de Hainault, et plusieurs grands seigneurs et vaillants en armes. Si me tais à les nommer tous, car trop longue chose serait à raconter.

Au bout de l'année, à la Pentecôte, les chevaliers, comme il leur avait été enjoint, se réunirent à la Fontaine des Merveilles. Ponthus y fit faire salle couverte de feuilles et de verdure, et envoya quérir viandes de toutes manières et des meilleurs vins qu'on sut trouver, et écrivit au roi une lettre disant ainsi : que le Chevalier noir aux armes blanches l'invitait à se rendre à cette fête de la Pentecôte, à la Fontaine des Merveilles, en la forest de Brucellier (Brécélien), avec sa fille Sidoine et les dames de la cour, pour voir et conseiller à qui le prix des joutes sera donné.

Le roi eut grande joie, et dit que le Chevalier noir lui faisait grand honneur. Puis il chargea Sidoine d'envoyer quérir les plus belles dames et demoiselles de son royaume, pour venir avec elle à la Pentecôte.

Les dames eurent grande joie du mandement de Sidoine ; elles s'habillèrent le mieux qu'elles purent, et vinrent le jour de la Pentecôte à la Fontaine des Merveilles, et y firent dresser leurs tentes et pavillons, tant qu'il semblait que ce fut une grande armée. Ponthus, avec ses compagnons, alla au-devant du roi, et quand le roi vit que c'était Ponthus qui avait fait tant d'armes, il en eut grande joie, et ne se pouvait tenir de le baiser et accoler. Puis lui dit : Vous vous êtes grand pièce célé, et disait-on que vous étiez en Hongrie et en Pologne en une guerre qui y était ; mais en bonne foi mon cœur me disait que c'était vous qui telles merveilles faisiez. — Ponthus rougit et ne sonna mot, car il en eut grand honte, dont le roi le loua moult.

COMMENT PONTHUS FIT FAIRE UN CONVIS (FESTIN)
ET FIT DONNER AUX CHEVALIERS À CHACUN
SELON QU'IL AVAIT DESSERVI

Ponthus ensuite s'avança vers Sidoine et la salua, et elle lui rendit son salut avec toute la joie qu'on peut imaginer, et elle lui dit en riant :

—Comment, Ponthus, vous êtes resté si longtemps caché dans cette forêt ; je crains que vous n'y soyez devenu sauvage.

—Ah ! Madame, répondit-il, je suis bien aisé à apprivoiser.

Et il s'éloigna tout épris de sa dame qu'il n'avait pas vue depuis longtemps. Et il alla saluer les autres dames qui toutes avaient joie de le voir et de l'honneur qui lui était advenu, car elles l'aimaient plus que tout autre chevalier.

Tout en causant de lui, le roi, Sidoine et les dames arrivèrent à la Fontaine des Merveilles, et d'autre part y vinrent les chevaliers auxquels le roi et Ponthus firent grand honneur. Parmi eux se voyaient le duc d'Autriche, le duc de Lorraine et de Bar, les comtes de Dampmartin, de Mortaing, de Savoie. Tout le bois retentissait du son des instruments. Ils allèrent ouïr la messe que l'évêque de Vennes chanta, puis ils revinrent en la salle où le roi et Sidoine firent grands dons à chacun. A un côté de la salle étaient pendus les cinquante-deux écus des chevaliers conquis.

Pendant le festin il y eut divertissements, comme d'enfants armés qui se combattaient, et autres. Ensuite on fit lever six des plus belles dames, et six des meilleurs chevaliers, et six des plus belles demoiselles, et six bons escuyers. Les uns portèrent la lance et le riche gonfanon noir aux armes blanches, de grosses margarites à perles d'Orient et un cercle d'or à merveilles riche.

Les autres portaient la riche espée au pommeau d'or, à renges de soie ouvrées, à riches pierres et à fines margarites, et une couronne d'or à grosses margarites et perles et pierres précieuses ; c'étaient belles choses à voir. Ces richesses, Ponthus les avait gagnées en la nef au fils du soudan (sultan), et il se disait que mieux ne pouvait les employer que devant tant de princes.

Les dames et les chevaliers tournaient et viraient parmi la salle, en chantant, comme s'ils ne sussent à qui les présenter. Puis ils vinrent devant le sire de Lusignan et lui présentèrent la lance et le riche gonfanon, et lui mirent sur la tête le riche cercle d'or, pour le mieux joutant.

Puis vinrent à Landri de la Tour et lui mirent au chef la riche couronne, qu'il voulût ou non, car il s'excusa et la voulut refuser, disant qu'ils lui faisaient trop d'honneur et que plusieurs l'avaient mieux méritée ; il rougit et eut grand honte. Mais Ponthus l'avait ainsi ordonné car, disait-il, il lui avait donné le plus à faire pour un jour, et Geoffroy avait le plus dur jouté.

Ponthus vint derrière le roi et lui dit à l'oreille : « Sire, s'il vous plaisait, on ferait crier les joutes demain et mardi à Vennes, afin que vous connaissiez ces ducs et ces princes, car ce serait votre honneur. »

—Ce conseil est bon, dit le roi, et il fit crier les joutes.

Et ainsi finirent les fêtes à la Fontaine des Merveilles.

III

Voici maintenant, d'une façon fort abrégée, le reste de l'histoire.

Ponthus rentré en grâce près de son amie, la belle Sidoine, revient à la cour et reprend sa charge de connétable. Les deux amants eussent été heureux si la jalousie de Guennelet ne leur eût préparé de nouveaux chagrins.

Le roi projetait d'unir sa fille au duc de Bourgogne ; Guennelet vint lui dénoncer les sentiments réciproques de Ponthus et de Sidoine. Le roi, irrité qu'un prince sans états osât prétendre à la main de sa fille, lui défend de la revoir. Ponthus, après avoir reçu de Sidoine la promesse qu'elle ne disposera pas de son cœur avant sept ans, s'embarque à Saint-Malo, quitte la Bretagne, et passe à la cour du roi d'Angleterre auquel il rend de signalés services, et dont il gagne l'amitié.

Les sept ans étaient bientôt passés, et le duc de Bourgogne s'apprêtait à venir demander la main de Sidoine. Ponthus informé de la détresse de son amie par Olivier, le fils du loyal Herlant, quitte l'Angleterre avec une armée que le roi lui permet d'emmener pour reconquérir son royaume de Galice. Mais il veut voir Sidoine ; c'est pourquoi laissant sa flotte au large, il se fait débarquer près de Vennes, et se dirige vers la ville, s'arrêtant dans un bois[48] pour se vêtir en pauvre pèlerin.

A la cour se préparait un festin en l'honneur du prochain mariage du duc de Bourgogne avec la belle Sidoine. Or c'était l'usage en ces temps, dit le roman, qu'au mariage des grands, en face de la table principale on en dressât une autre où venaient s'asseoir douze pauvres qui louaient Dieu, et prenaient part au festin. A la fin du repas, la dame venait remplir leur coupe et boire avec eux. Or Ponthus, fut un des douze pauvres admis, et Sidoine le reconnut à l'anneau qu'elle lui avait remis autrefois. Elle le fait introduire dans ses chambres, et là épanchements, larmes, protestations.

Le lendemain ont lieu des joutes en l'honneur du duc de Bourgogne. Le pèlerin qui s'est transformé dans le Chevalier blanc s'y présente avec quelques-uns de ses guerriers. Son écu porte un emblème : c'est une dame conduisant un lion enchaîné. Le duc de Bourgogne vient se mesurer avec lui, mais il est renversé de son cheval, et périt emporté par lui : personne ne le regrette.

Ponthus se fait alors reconnaître au roi. — Fiançailles de Ponthus et de Sidoine à qui Ponthus offre les riches présents qu'il a fait venir de sa grande nef ; mais

---

[48] L'analyse du roman dit que c'était dans la forêt de Bethelien, mais ni l'édition de Paris, ni celle de Lyon ne désignent le bois.

il jure que le mariage ne sera pas célébré avant qu'il ait reconquis son royaume de Galice.

Il part donc. Dix-huit mille Bretons renforcent son armée. Les Sarrasins sont battus, et Ponthus se fait couronner roi de Galice. Il retrouve sa mère sous l'apparence d'une pauvre femme réduite à une extrême misère, et en bon fils il lui met sa couronne sur la tête.

Mais pendant que ces événements prospères s'accomplissaient en Galice, l'infortunée Sidoine était victime de la méchanceté de Guennelet. — Guennelet, dont Ponthus dans sa droiture ne soupçonnait pas les perfides intentions, et qui, à la prière de celui-ci, avait été nommé connétable du royaume, Guennelet fit supposer des lettres de Ponthus annonçant que son armée avait été détruite par les Sarrasins, qu'il était lui-même prisonnier, et devait être mis à mort ; et il priait le roi d'unir Sidoine à Guennelet comme seul digne de devenir son époux et héritier du trône.

Sidoine, malgré les instances de son père, se doutant que les lettres étaient fausses, ne veut consentir à cette union, et se réfugie dans une forteresse pour se mettre à l'abri des tentatives de Guennelet. Celui-ci persuade au roi de faire de nouvelles instances auprès de sa fille. Mais à peine est-il entré dans le château que Guennelet l'y enferme avec elle ; il veille à ce qu'il n'y puisse entrer de vivres, et les presse l'une et l'autre par la famine.

Alors, Sidoine pour sauver la vie de son père, se dévoue et accepte de prendre Guennelet pour époux. Le roi est forcé d'abdiquer, et on célèbre le mariage.

Mais Ponthus vient de débarquer[49] et se dirige, impatient, sur Vennes ; chemin faisant, il apprend la lâche trahison de Guennelet. Il se presse, arrive, il entre dans la salle du festin, et d'un coup d'épée tranche la tête au perfide.

On devine en partie le reste. Ponthus épouse Sidoine et conduit à la cour du roi d'Angleterre son cousin Polidès, qui épouse Genèvre, la fille du roi d'Angleterre, et devient roi d'Angleterre.

Puis le roi de la Petite Bretagne, père de Sidoine, étant mort, Ponthus et Sidoine régnèrent sur les deux royaumes de Galice et de la Petite Bretagne ; ils rendirent leurs peuples heureux et vécurent longtemps.

L'abrégé du roman inséré dans les *Mélanges tirés d'une grande bibliothèque* termine ainsi l'histoire :

---

[49] Selon l'abrégé il débarque à Saint-Malo et se rend à Rennes. — Pas mention de Saint-Malo dans l'édition de Paris, ni dans celle de Lyon où il est dit seulement que Ponthus en revenant toucha à l'île de Rhé.

« Ils eurent deux fils, dont l'aîné porta avec gloire la couronne de Galice, et le second, nommé Conan Mériadec, est la tige des rois et ducs de Bretagne dont tant de puissants souverains et de princes se font honneur de descendre. »

Mais ni l'une ni l'autre des deux éditions, dont il a été mention au début de ce chapitre, ne parlent de la descendance de Ponthus.

APPENDICE

A.   Vennes — Rennes, ville rouge

L'analyse du *Roman de Ponthus* insérée dans l'ouvrage: *Mélanges tirés d'une grande bibliothèque*, et cité précédemment, a mis partout Rennes au lieu de Vennes, à toutes les fois que le nom de cette ville était cité, et cela arrive au moins quatre fois. Il me semble que d'une façon générale, Vennes, à cause de sa situation, s'adapte mieux que Rennes aux circonstances du roman.

L'auteur de l'analyse dit l'avoir faite d'après une édition imprimée à Paris. Sans doute qu'il y en a eu plusieurs, et qui diffèrent en quelques parties, car l'édition de Jehan Trepperel, de Paris, et celle de maistre Leroy, de Lyon, les deux seules que j'ai pu examiner, ont écrit partout Venues et non Rennes, même dans un passage où il est certain qu'il s'agit de Rennes. C'est dans le récit des joutes à la Fontaine des Merveilles. Il y est dit que Ponthus *envoyait quérir tout ce qu'il lui fallait à Vennes, qui devant avait nom Ville Rouge.* Il faut, ici, lire Rennes. Je n'ai point appris, en effet, que Vannes ait jamais été appelé Ville Rouge, et il est certain, au contraire, que c'était autrefois le nom, ou plutôt le surnom, de Rennes. Voici quelques témoignages sur ce point.

Maximinus, disciple de l'apôtre saint Philippe et de l'évangéliste saint Luc, fut envoyé dans les Gaules, et vint à Rennes, qui en ce temps-là se nommait Ville Rouge, *Civitas rubra.* (Albert le Grand, *Catalog. chronol. des Évêques de Rennes*, p. 1, à la suite des *Vies des Saints.* Rennes, MDCLIX.)

On trouve encore ce nom de Ville Rouge appliqué à Rennes dans les *Chroniques* d'Alain Bouchard. Maximien et Conan, dit-il, «pour eux rafreschir se retirèrent en la principale ville du pays que l'on appelait Ville Rouge, qui à présent est la cité de Rennes. (Dernier chap. du premier livre, folio 35. Édit. des Bibliophiles bretons.)

Selon le président de Robien, ce surnom de Ville Rouge, *Civitas rubra*, donné à la ville de Rennes, lui provenait probablement de la couleur des murs construits en briques rouges. Du temps du président de Robien on découvrit une grande quantité de ces briques rouges dans un quartier de la ville de Rennes, où l'on suppose qu'était primitivement Condate. (Toulmouche, *Histoire archéolog. de l'époque gallo-romaine de la ville de Rennes*, 1847, p. 186.)

M. Poignand estime que ce nom lui aurait été donné par les Romains, parce que la ville était principalement bâtie de maisons de bois peintes en rouge. (*Antiq. historiq. et monument.*, 1820, p. 98.)

Il résulte de tout ceci que c'est de Rennes et non de Vennes qu'il s'agit dans ce passage du roman. Rennes d'ailleurs est plus rapproché que Vennes du lieu de la joute, et par conséquent convient mieux dans la circonstance.

Quelque autre avant moi s'était formé pareille conviction sur ce point, et bien persuadé qu'il y avait au moins une faute d'impression en ce passage, a corrigé à la plume le V en R au mot Vennes, sur l'un des exemplaires que j'ai pu consulter; et Baron du Taya, qui dans son livre de *Brocéliande* a transcrit tout au long, littéralement, ce récit des joutes de Ponthus, a mis très justement Rennes et non Vennes, au passage dont s'agit.

B.   LA FONTAINE DES MERVEILLES

Cette fontaine, appelée dans le Roman de Ponthus la Fontaine des Merveilles ou des Adventures, certainement n'est pas autre que celle de Bérenton.

Quoique le prodige de cette Fontaine des Merveilles ne soit ici relaté que d'une façon tout à fait sommaire et accessoire, nous y trouvons cependant les conditions essentielles du phénomène de Bérenton, savoir: une coupe d'or que l'imprudent opérateur remplit de l'eau de la fontaine, puis l'aspersion de la pierre voisine, et enfin comme résultat fatal, la tempête avec grêle et tonnerre. C'est ainsi que se passe le prodige de Bérenton dans les descriptions que nous en ont laissées les auteurs précédemment cités. Il est donc hors de doute que la Fontaine des Merveilles n'est autre que celle de Bérenton, et que par suite la forêt désignée dans le roman sous les noms inusités de Berthelien, Bethelien, Brucellier, ne peut être que celle de Bréchéliant.

D'ailleurs, O. Lorence, secrétaire et chapelain du comte de Laval, maître de Brécilien, qui par les ordres de celui-ci rédigea en 1467 la charte des *Usements de Brécilien*, ayant mentionné parmi les merveilles de la forêt la Fontaine et le Perron de Bellanton, ajoute que «ce fut auprès que le bon chevalier Ponthus fit ses armes, ainsi qu'on peut voir par le livre qui de ce fut composé» faisant ainsi allusion au Roman.

Il résulte donc de tout ceci que l'épisode des joutes se passe près de la Fontaine de Bérenton en Brécilien.

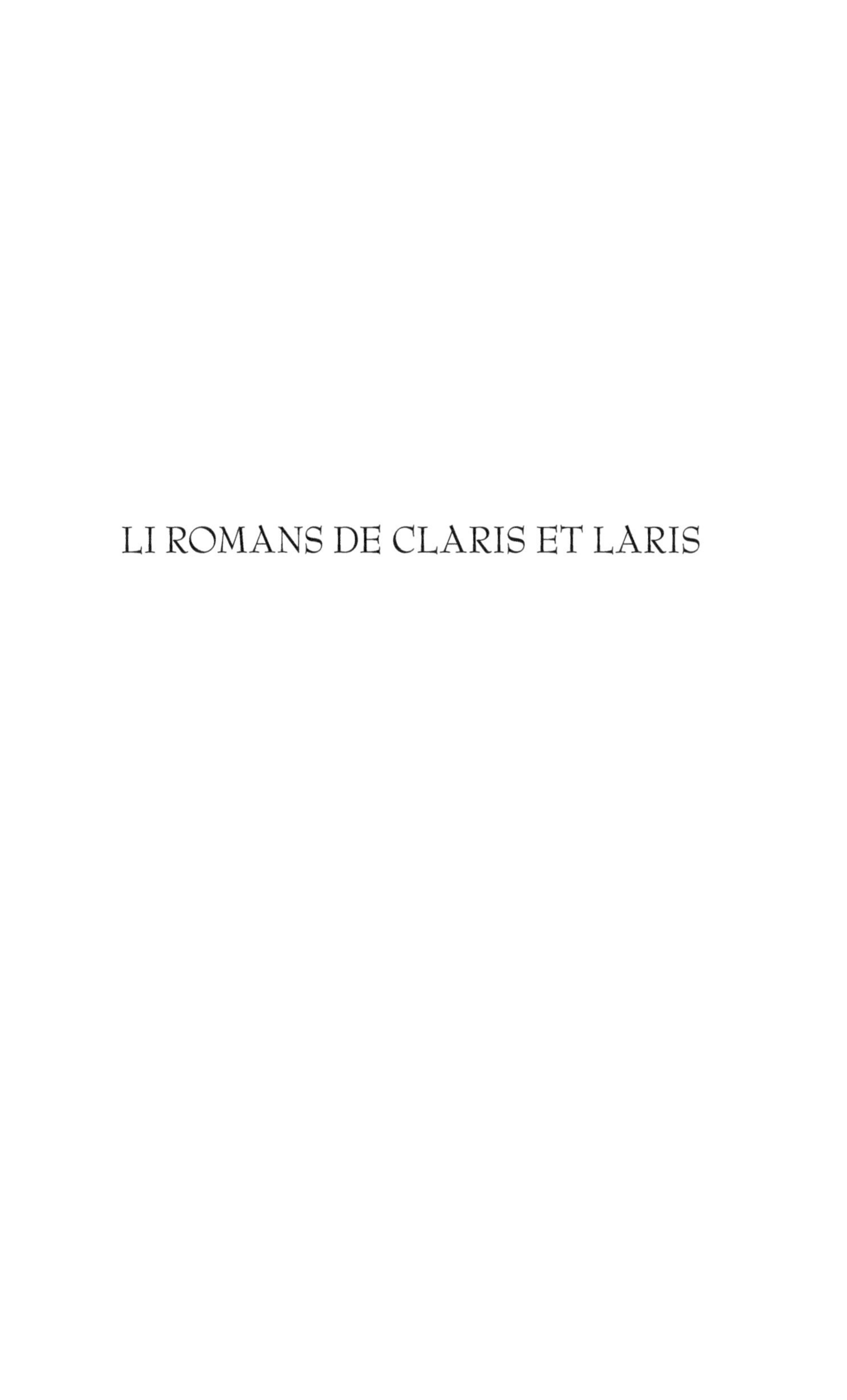

LI ROMANS DE CLARIS ET LARIS

Claris et Laris est le nom d'un roman qui appartient aussi au groupe des romans en vers du cycle Arthurien ; c'est le dernier en date. D'après certains événements historiques dont mention est faite au début du poème, M. Gaston Paris conjecture qu'il a été commencé vers l'année 1268. Il serait venu assez longtemps après les autres œuvres de ce genre, et environ cent ans après l'époque où Chrestien de Troyes composa son roman d'Yvain (1165-1174). L'auteur en est inconnu ; quant à son œuvre, c'est un enchevêtrement d'aventures se déroulant tout d'une traite, sans aucune division quelconque en parties, livres ou chapitres, sur une désespérante longueur de 30369 vers de huit syllabes.

Outre les deux nouveaux-venus, Claris et Laris qui vont faire leurs preuves, l'auteur met en mouvement les meilleurs chevaliers de la Table-Ronde ; on retrouve les noms connus de Arthur, Gauvain, Yvain, Keux, Merlin, Morgane, etc ; il fait intervenir les trucs ordinaires de ces sortes d'ouvrages : fées, nains, géants, diables, vilains, châteaux enchantés, dames opprimées, pâmoisons, tournois, etc.

La *Bibliothèque Universelle des Romans* au t. VI, août et septembre 1777, a donné du poème un résumé assez étendu, mais pas toujours fidèle. — Le Roman entier a été publié pour la première fois par le Dr Johann Alton, en 1884, d'après l'unique manuscrit qui en soit connu, et que possède la Bibliothèque nationale en France. Le livre est enrichi d'une analyse, de notes, de commentaires, etc.[50]. — On trouve dans le t. XXX de *l'Hist. litt. de la Fr.*, 1888, p. 124-136, une notice intéressante sur ce même roman, due à M. Gaston Paris, et dans laquelle ce savant fait une remarque que nous nous gardons de négliger : c'est que « l'auteur, à aucun endroit de son poème, ne paraît se douter que la Bretagne est une île. » Or, cette remarque, il ne nous répugne nullement de l'appliquer, si besoin est, à Chrestien de Troyes lui-même, ainsi que nous l'avons dit en son lieu.

C'est chose curieuse que cette insouciance avec laquelle l'auteur envoie ses personnages, par simple chevauchée, d'Angleterre, comme il l'appelle, en Petite-Bretagne, en Danemark, en Gascogne, sans se préoccuper une seule fois de la mer. Pour lui toutes ces contrées se tiennent, et pour qu'il n'y ait point de doute à ce sujet, il dit expressément que le royaume de Danemarche tient à celui du roi

---

[50] *Li Romans de Claris et Laris*, herausgegeben von Dr Johann Alton. Tübingen, 1884. (1 vol. 937 pages).

Urien (vers 18617-18622). Or, tout le monde sait que le royaume d'Urien était en Grande-Bretagne.

Au jugement de M. G. Paris, l'œuvre cependant n'est pas sans quelque mérite. Si en réalité il n'y a pas beaucoup d'invention, le plan du moins témoigne d'une certaine habileté, car il est assez compliqué ; les aventures, nombreuses et fort variées, se déroulent non sans offrir parfois de l'intérêt, quoique la plupart se résolvent par coups de lance ou d'épée.

Plusieurs de ces aventures, des principales même et des plus intéressantes, ont pour théâtre notre forêt de Brocéliande. Comme d'autre part mon but est de recueillir ce qui s'y est accompli de mémorable et de digne de foi, ce ne sera point chose déplacée, mais au contraire avenant à propos, j'imagine, que d'apprendre d'abord au lecteur (car il n'en sait rien, je le gage), quels sont et d'où partent les deux amis Claris et Laris en l'honneur de qui le livre fut composé ; puis par quelle suite d'aventures ils furent amenés et ramenés en Brocéliande. Ce sera le moment alors de raconter ce qui les y attendait et ce qui leur y advint.

Le nom de Brocéliande est cité huit fois dans le roman de Claris. Il se trouve éparpillé à intervalles divers dans toute la longueur du poème. J'ai donc été contraint de donner de celui-ci une analyse du commencement à la fin, pour montrer par quels liens se réunissent ces aventures dans Brocéliande.

Quant à Bérenton, son nom n'y paraît pas, bien qu'au début il soit fait mention de la Fontaine et de l'aventure d'Yvain. Il me semble bien démontré que pour l'auteur, la Fontaine et Brocéliande sont de simples lieux communs de même ressource que les tournois, les géants, les nains, les fées, etc. ; des sortes d'engins qu'il a trouvés tout préparés chez ses devanciers, et dont il se sert aveuglément, sans se préoccuper de savoir ce que c'est que cette fontaine et cette forêt, et dans quel pays cela se trouve ; et, en réalité, il n'en sait rien. Il place la forêt au bord de la mer et la peuple à sa fantaisie d'animaux de toutes sortes. Les personnages y arrivent on ne sait trop d'où ni comment, et ils s'en retournent de même. Le seul détail intéressant que nous ayons à noter dans l'ouvrage touchant la forêt, c'est que l'auteur en fait encore le séjour des fées (Voyez vers 3317, 29308 ci-après), et que celles-ci interviennent dans plusieurs circonstances, pour amener des complications dans la marche du poème, dont elles ne sont point inactives ouvrières. — Chrétien s'est abstenu de ce moyen dans son roman d'*Yvain*.

I

Au temps où le roi Artus vint d'Angleterre faire la conquête de la Bretagne (90), il y avait en Gascogne un gentil roi nommé Ladon (117). Il avait épousé la princesse Lidaine, fille du roi d'Allemagne et cousine aussi du roi Artus. Elle n'avait que quinze ans, et était d'une beauté sans pareille. (130)

Le roi son mari était vieux : il avait cent ans passés, ce qui ne l'empêchait pas d'être toujours fort et vaillant. Il avait fait ses preuves de valeur en maintes guerres et en maints tournois. (146)

A la cour de Ladon était un jeune et beau damoiseau nommé Claris ; il était fils de l'un des vassaux du roi, le duc Édaris, et était chargé de servir à table le roi et la reine (154). Se trouvant donc chaque jour en présence de la reine, Claris en devint bientôt passionnément amoureux.

Le malheureux Claris combat sa propre passion et cherche à l'éteindre, car il veut être loyal envers son seigneur. Afin d'oublier celle pour laquelle il soupire, Claris prend la résolution de s'éloigner de la cour. Il demandera au roi de l'armer chevalier, et de lui donner congé ; puis il s'en ira à la cour du roi de Bretagne[51]. (353)

Le lendemain donc, Claris découvre au roi son intention. Celui-ci l'approuve, et dit qu'il lui donnera congé au dimanche prochain. Il y eut grande fête, et le roi fit Claris chevalier ainsi que Laris, le frère de la reine.

«Claris, lui dit le roi, je veux que Laris soit votre compagnon, veillez à ce qu'il ne lui arrive pas de malheurs. Tous deux vous êtes jeunes, recherchez donc les tournois, et tenez riche hospitalité, car il avient bien que largesse s'adjoigne à prouesse.» (392) — Les deux jeunes gens se jurèrent devant le roi franche et loyale amitié. (404)

Laris alla prendre congé de sa sœur et mena Claris avec lui. La reine recommanda son frère à Claris.

«Dame, lui répond celui-ci, tant que je garderai vie, j'en prendrai soin, car je suis pour vous obéir.» (438)

Les deux jeunes amis ayant recommandé le roi à Dieu quittèrent le palais avec les gens de leur suite. (450)

Les aventures ne tardèrent pas à se présenter.

Un jour — le surlendemain de leur départ —, qu'ils traversaient un bois,

---

[51] Je crois que le poète veut ici désigner la Bretagne continentale et non l'insulaire, qu'il a ci-dessus appelée Angleterre. Plus loin, Bretagne désignera la Bretagne insulaire. Tout ce qui est indications topographiques dans ce poème est extrêmement confus.

un nain affreusement laid, mais à la langue bien affilée, s'avance vers eux et leur demande avec arrogance d'où ils viennent, où ils vont. Ceux-ci lui répondent qu'ils s'en vont en Bretagne à la cour d'Artus. Le nain, qui s'aperçoit bien à leur mine qu'ils sont novices en chevalerie, se met à les railler. « Êtes-vous chevaliers ? leur dit-il ; vos visages de demoiselles montrent bien qu'ils n'ont guère reçu de coups. Vous allez à la cour du roi, quelles prouesses avez-vous accomplies ? Vous avez fait vos preuves sans coup férir. » (488)

— Tu as raison, mon ami, lui répond Claris ; mais si tu connais par ici quelque aventure, nous la tenterions volontiers.

— Si vous voulez me suivre sans vos gens, leur dit traîtreusement le nain, je vous mènerai là où vous pourrez vous essayer, si vous n'êtes pas trop couards. (502)

— Nous irons, lui répondent les deux amis.

Ils laissent là leurs gens, et s'en vont avec le nain qui vise à les mettre en mauvais cas.

Ils chevauchent quatre lieues dans la grande forêt, et arrivent à un château muni de solides murailles. (526)

Dès qu'ils furent entrés, le nain ferma la porte et crut bien alors avoir réussi dans sa trahison. Et voilà que six chevaliers bien armés se jettent sur les deux compagnons, trois sur Claris, et trois sur Laris. Mais chacun de nos chevaliers novices tue deux de ses adversaires, et les troisièmes renversés à terre leur crient merci. (597)

En ce moment, se montre à eux une belle et avenante jeune fille, qui leur dit : « Seigneurs, ces deux garnements qui implorent votre pitié ont déjà tué maints chevaliers qui passaient par cette terre, s'en allant chercher aventures en Bretagne. (608) Point de merci pour eux, ils ne méritent que la corde.

> 615 « Ier main mon seigneur Yvein pristrent
> En trop male prison le mistrent ;
> Ja iert ce mes tres doz amis,
> Et je sui cele qui a mis
> Mon corps en son comandement,
> Pour l'amour du grand hardement
> Qu'il a toz les iours maintenu,
> Puisqu'il fu au perron venu,
> Seur quoi versa de la fontaine,
> Ou assez ot anui et paine
> De foudre qu'entor li cheoit

> Et des arbres qu'il peceoit,
> Si cour Crestiens le tesmoine.
> Et je suis cele sanz essoine
> Cui (*à qui*) la fontaine iert ligement[52].

On fait ici allusion évidemment à l'aventure d'Yvain à la fontaine de Brocéliande, mais cette aventure y est rappelée d'une manière bien confuse.

Les deux brigands furent donc occis sans miséricorde, et les amis eurent la joie de délivrer Yvain de sa prison. (647)

Mais le nain rassemble, par la forêt, une bande de vingt-cinq larrons qui viennent attaquer la porte du château à coups de hache. Les trois amis sortent contre les assaillants; treize sont tués, et les autres prennent la fuite. Quant au traître nain, par qui Yvain lui-même avait été attiré au piège, il fut pendu; ce fut son juste guerdon. (715)

Nos trois barons allèrent s'héberger, la nuit suivante, dans un château hors du bois, où ils furent bien reçus. Le lendemain Claris et Laris prirent congé d'Yvain, lequel, à cause de ses blessures, ne pouvait chevaucher. (748)

Plus loin, ils rencontrèrent une belle et avenante demoiselle chevauchant de toute la vitesse de son palefroi. Sa dame, la reine Blanche, leur dit-elle, maîtresse de tout ce domaine, l'envoie en Bretagne demander protection au roi, contre le roi Nador qui la tient assiégée dans sa ville, et il ne lui reste plus subsistance que pour trois jours. (829)

Les deux compagnons s'offrirent d'aller au secours de la darne, et la demoiselle les y conduit. (845)

Chemin faisant, ils s'adjoignent trente chevaliers de la reine, et arrivent devant la ville. (1033) — L'armée de Nador en défendait l'approche. Un rude combat s'engage pendant lequel la demoiselle s'introduit dans la ville, et informe la dame de ce qui se passe. Celle-ci fait armer ses gens pour aller prendre part à la bataille. (1181) Après maintes prouesses, Claris et Laris entrent dans la ville, y poussant devant eux cinquante sommiers chargés de provisions.

La dame reçut avec un vif plaisir ses deux vaillants défenseurs, les traita avec beaucoup d'honneur et leur fit grande fête (1295). — Un jour, après le festin (1573), elle prend Claris à part et lui fait aveu d'amour. Claris, dont la modestie se trouve blessée, s'imagine que la reine se joue de lui et repousse ses avances. (1651)

Nador, furieux des défaites que lui font subir les deux guerriers aux armes

---

[52] Appartenait par droit.

semblables, les provoque à venir décider du sort de la guerre dans un combat individuel contre lui et son neveu Daton. Au jour désigné, les quatre chevaliers se rencontrent. Après de formidables coups de part et d'autre, Laris jette Daton à bas de son cheval, et le roi Nador blessé grièvement par Claris est obligé de lui remettre son épée, et se rend à sa merci. (2236)

La reine reçoit les deux héros avec grande joie, et Nador lui fait sa soumission.

Il y eut ce jour grande fête au château. Les deux compagnons prennent ensuite congé de la reine, bien qu'elle les presse de séjourner. Ne pouvant les retenir, elle leur fait de riches présents d'armes. — Ils partent enfin après avoir recommandé à Dieu la reine et tous ses gens. (2320)

Ensuite leur survient une aventure qui semble une imitation, mais fort abrégée, de celle du *Château de Pesme Aventure*, dans le roman d'*Yvain*.

Ils entrent dans un château à l'abord sinistre. Dans une salle étaient rassemblés des chevaliers à la mine pâle et exténuée. Jour et nuit, leur disent-ils, on les force à porter sans trêve de lourdes pierres, et deux vauriens qui les gardent leur cinglent les épaules de coups de fouet. C'est à peine s'ils ont un instant pour se reposer, et on ne leur donne que pain et eau pour les sustenter. (2367)

Les deux amis apprennent que ces infortunés étaient des chevaliers qui s'en allaient errant par le monde, cherchant aventures. Leur malheur les amena en ce château, et à mesure qu'il en arrivait un, il était obligé de se battre contre deux Noitons[53] qui les conquirent ; et ils endureront misère tant que les deux mécréants ne soient vaincus. Et il en sera de même de tous ceux qu'ils pourront prendre, car il ne se rencontre au monde aucun chevalier qui ose se mesurer contre eux ; et vous-mêmes, ajoutent-ils, vous qui avez en la hardiesse d'entrer en ce château, s'ils peuvent vous conquérir, ils vous feront subir notre sort. (2398)

Bientôt, ces deux diables forcenés (2429) s'en viennent combattre les deux arrivants, espérant les conquérir à leur tour, mais ils sont eux-mêmes vaincus et tués, et les chevaliers sont rendus à la liberté. (2192)

En continuant d'errer, nos deux braves trouvent l'occasion de rendre un signalé service à Gauvain, le neveu du roi Artus. (2505)

Gauvain chevauchait sans armes à travers un bois, de compagnie avec une demoiselle. Il fut attaqué par quatre chevaliers félons qui avaient juré sa mort ; ils le firent prisonnier ainsi que la demoiselle. Et, tandis que deux d'entre eux

---

[53] *Noitons*, fils du diable. Chrestien les appelle *netuns* (vers 5513).

entraînent Gauvain bien garrotté, les deux autres emmènent la demoiselle d'un autre côté de la forêt, sans cacher leurs mauvaises intentions. Instruits de l'aventure par un serviteur de Gauvain qui était parvenu à s'esquiver, Claris et Laris se mettent chacun à la poursuite des ravisseurs. Claris rejoint bientôt les deux félons qui détiennent la demoiselle, leur livre combat, les renverse morts, et rend leur prisonnière à la liberté. (2610)

Pendant ce temps, Laris courait après Gauvain. Les deux bandits, apercevant Laris, attachent Gauvain à un chêne et se mettent en défense. Ils sont tous deux occis, et Laris débarrasse Gauvain de ses liens. (2650)

Après quelques péripéties de peu d'intérêt et une pâmoison de Claris qui s'imagine avoir perdu Laris, les deux couples finissent par se retrouver, et la demoiselle est enfin réunie à son chevalier Gauvain. (2798)

En reconnaissance de leur dévouement, Gauvain propose à ses deux sauveurs de les emmener à la cour d'Artus. Mais ceux-ci refusent, et préfèrent ne s'y présenter qu'après de nouvelles prouesses. (2814)

Ils n'étaient pas encore sortis du bois que devant eux apparaît un chevalier pâle, défait et semblant accablé de chagrin. C'était Carados[54]; il se rendait à la cour du roi Artus de Bretagne pour y trouver aide et secours, et, sur leur invitation, il leur raconta son histoire. (2841)

«Je suis roi, leur dit-il, mais un roi bien malheureux, car de mes yeux j'ai vu, contre son gré, emmener ma dame; elle est belle et je l'aime bien.

«Le roi Ladas de La Rochelle, jaloux de mon bonheur, a osé prétendre que, si elle m'était enlevée, je n'aurais pas le courage d'aller la reprendre par les armes. Dans mon fol orgueil, j'ai répondu à son défi en disant que je la défendrais moi seul contre trois, ou moi second contre six, ou moi troisième contre neuf. (2905) Il m'a pris au mot, et est venu à ma cour, lui neuvième, me proposant le combat. Nul des miens n'a osé me seconder. Il a donc demandé que ma mie lui soit livrée; mais les barons, juges du débat, m'ont accordé quarante jours de répit, pendant lesquels ils garderont ma mie jusqu'à ce que le sort des armes décide à qui elle devra être remise. Jusqu'à présent, je ne trouve aucun chevalier qui consente à me venir en aide, ni homme qui ne me tienne pour fou à cause de mon imprudente parole. Et je meurs du chagrin que j'ai de mon amie. (2948)

Claris et Laris tout en blâmant sa présomption s'offrent de s'adjoindre à lui troisième, et d'affronter le combat contre le roi Ladas et ses huit champions (2979).

On conçoit la joie de Carados à cette parole. Il emmène les deux jeunes gens

---

[54] Un des vaillants compagnons de la Table-Ronde.

dans sa ville, et les traite fort noblement. Puis il envoie un messager au roi Ladas pour lui demander combat dans trois jours. (3053)

Les deux compagnons dormirent cette nuit dans des lits somptueux. Le lendemain matin, ils allèrent ouïr la messe, et passèrent ainsi les trois jours en se préparant à la bataille. (3105)

Le roi Ladas, ayant choisi parmi ses chevaliers ses huit combattants, leur recommanda félonessement de s'attaquer d'abord aux chevaux, espérant venir ensuite plus facilement à bout de leurs adversaires. (3135)

Au jour désigné, Ladas et sa troupe se présentent au lieu de la bataille. La demoiselle, qui doit être le prix de la victoire, y avait été amenée par ceux qui l'avaient en leur garde. Grande foule s'était assemblée pour voir le combat des trois contre les neuf. Enfin arrive le roi Carados flanqué de ses deux compains (3159).

Trois des chevaliers de Ladas prennent Claris à partie ; trois autres, Laris ; et les trois autres, dont Ladas, s'adressent à Carados. Au premier choc, les chevaux de nos trois amis sont blessés à mort. Malgré ce désavantage, les nôtres ont bientôt tué cinq de leurs adversaires, et les voilà maintenant trois contre quatre seulement, dont Ladas (3241) ; et ils les malmènent si durement que tous quatre sont obligés de requérir merci, ce qui leur est accordé.

Les prisonniers sont conduits au château où le roi Carados emmène son amie (3258). Toute la ville accourut à leur arrivée pour voir les trois compagnons, et chacun disait que jamais il n'y eut gens de si grande valeur. Il y eut festin au château ; les vaincus eux-mêmes y prirent part et la paix fut faite. Les danses et la fête continuèrent toute la nuit.

II

Dès le lendemain, les jouvenceaux partirent. Tous les habitants les accompagnèrent jusqu'en dehors de la ville. Ils chevauchèrent jusqu'à midi, et entrèrent alors dans la fameuse forêt de Brocéliande. Celle-ci va devenir pour nos deux amis le théâtre d'une nouvelle aventure. (3283)

Avant de nous y engager, je ne crois pas inutile de faire remarquer que, s'il a suffi à nos preux de quelques heures de chevauchée pour pénétrer en Brocéliande, il en résulte que le château de Carados d'où ils sont partis n'en est qu'à petite distance, et que, par suite, toute cette aventure des rois Ladas et Carados se passe nécessairement au voisinage de la grande forêt, en terre de Bretagne.

103

Le roman nous décrit maintenant les merveilles de la redoutable forêt où les fées ont établi leur demeure. Ce passage ne manque pas d'intérêt, car nul autre romancier de cette période ne nous en a appris aussi long sur ce sujet.

3290 Lors ont un grant bois aprochié
     Qu'on apele Brocéliande.
     Trop est la forest fiere et grande
     Et plaine de trop grant merveille,
     Nule autre ne s'i apareille.
     Laienz treuve on les aventures,
     Les felonesses et les dures ;
     La est le chastiaux périlloux
     Que maintient li fiers Orgueilloux ;
     Là est li vergiers délitables
3300 Qui tant est biaus et amiables ;
     Laiens est la Roche Perdue
     Qui ja n'ert de coart veue ;
     La puet on merveilles trouver
     Qui se veult de riens esprouver ;
     La voit-on la forest esbatre,
     La voit-on les senglers conbatre,
     La voit-on les vorpiz voler,
     Ours, singes et lions aler,
     Biches et cers, lievres et chevriaux,
3310 Connins[55], liepars et escuriaux,
     De bestes toutes les manières.
     En la forest sont les rivières,
     La mers l'enclot de l'autre part[56].
     La sont li lai, la sont li jart,
     La sont les beles praieries,
     Les vignes, les gaïgneries.
     Les fées i ont leur estage,
     En un des biaus leus du boscage
     Est lor maison et lor repaire
3320 Si riche, com le purent faire

---

[55] Connins = lapins.
[56] D'après 3313, 9934, le poète semble croire que la forêt s'étend jusqu'à la mer.

Ceux qui le surent compasser (*édifier*).

Grandement en aurait fatigue qui voudrait parcourir la forêt, trop aurait de choses à voir. Les deux barons s'arrêtèrent

A l'entrer de la riche lande
Qu'on appelle Brocéliande (3326).

Ils aperçurent un riche et grand portique ; au dedans étaient écrites des lettres d'or qui disaient tout ce que la forêt recelait. (2334)

Les deux compagnons les lurent et restèrent ébahis des merveilles que leur apprenait cette écriture. Ils se décidèrent à parcourir et à visiter la forêt pour les connaître.

Ils prennent un vieux chemin qui les conduit, par une immense lande, à une montagne au sommet de laquelle, au bord d'un précipice, se dresse le Château Périlleux. Les murs en sont de pierre noire, on le prendrait pour la demeure des démons. C'est là que se tient Dampnas, le gardien de la forêt ; jour et nuit il y veille. Il était fort méchant, c'était aussi le plus savant enchanteur qu'il y eût au monde : Il faisait trembler la terre, aux bêtes donnait apparence de chevalier, en plein jour amenait l'obscurité de la nuit ; tout à coup, il faisait tomber la pluie, forçait les ruisseaux à remonter à leur source. C'était un chevalier orgueilleux plus que nul comte, duc ou roi. (3368)

On n'entre au château que par une tour fermée par un enchantement, car elle paraît toujours embrasée, aussi n'ose-t-on franchir la porte ; les chevaux refusent de s'y engager. Ceux-là seront les meilleurs chevaliers du monde qui parviendront à la passer ; mais ils ne le pourront faire autrement qu'à pied. (3381)

Après cette première porte, s'en trouve une seconde encore plus redoutable, car elle est gardée par quatre vigoureux léopards, bêtes terribles, et contre lesquels il faut se battre pour aller outre. (3395)

On arrive enfin à une troisième porte. Je n'en finirais point, dit le poète, si j'entreprenais de dire comment elle est faite. Elle n'a que trois pieds de large et quatre de haut, elle est défendue par deux fiers géants armés chacun d'une massue, et ils menacent tout chevalier qui veut approcher. (3105)

Enfin, si l'on parvient à passer, on trouve au-delà le puissant enchanteur couvert d'armes éprouvées. (3411)

Les deux barons arrivent au château, ils restent décontenancés en voyant la première porte ; leurs chevaux se cabrent, il est impossible de les faire avancer. Ils les laissent donc, et, malgré les flammes, traversent la tour embrasée ; puis aux quatre léopards ils livrent combat, et les laissent tués gisant à terre. (3443)

Ils arrivent enfin à la troisième porte. Elle est étroite, ils s'y engagent cependant, mais ils se heurtent aux géants. Avec leurs boucliers ils se gardent des coups de massue, et travaillent si bien que, de leurs bonnes épées, ils ont aux géants tranché la tête. (3461)

Les deux compagnons ont donc outrepassé les portes. Mais ce n'est pas fini, car malgré la fatigue il leur faut livrer combat à deux chevaliers. Après un échange de terribles coups, ceux-ci sont enfin vaincus et requièrent merci, ce qui leur est octroyé. Et ils prient les deux barons de rester à s'héberger au château qu'ils viennent de conquérir par leur vaillance. Ceux-ci consentirent à y demeurer trois jours, à condition qu'on leur fît venir leurs chevaux. (3503)

—Vos chevaux vous seront amenés, répond l'enchanteur; l'enchantement a pris fin du moment que vous nous avez conquis.

Alors, quatre écuyers conduisent au palais nos deux vaillants amis, leur enlèvent leurs armes et les soignent de leur mieux. Les chevaux sont amenés.

La tour enflammée avait disparu, et l'étroite porte, œuvre d'enchantement, était abattue. (3503)

Le repas ayant été servi, les barons se lavèrent et s'assirent à table; on leur offrit nombre de mets, et ils purent manger sans péril et sans vilenie. Le reste du jour ils le passèrent en amusements, et, la nuit venue, ils allèrent se coucher dans des lits somptueux. Ils y dormirent à leur aise et tard dans la matinée pour se bien reposer. Ils se levèrent après tierce, ouïrent la messe et se lavèrent. (3537)

Ils demeurèrent au château pendant trois jours, puis se mirent en route. L'enchanteur les reconduisit jusqu'en dehors, puis il revint. (3547)

Quant aux deux amis, ils continuèrent à chevaucher à travers la forêt aux grands arbres; ils écoutèrent avec plaisir le chant des oiseaux et voient des bêtes de toutes sortes. Ils cheminèrent ainsi jusqu'à l'approche de la nuit. Et voilà qu'autour d'eux se fait entendre un mélodieux concert d'instruments les plus variés : harpes, vielles, rotes qui accompagnaient des chants, cornemuses, fretelles, citoles, psaltérions, flûtes, chalumeaux, tambourins. Et, pendant qu'ils restent émerveillés de n'apercevoir gens autour d'eux, et d'entendre néanmoins le son des instruments sans discontinuer, ils voient venir à eux une demoiselle merveilleusement belle, qui leur dit, après les avoir salués: «Seigneurs, s'il vous convenait de vous héberger, je pourrais vous conduire en tel lieu où vous auriez bonne hospitalité. »

Et ils répondent que volontiers ils s'en iront avec elle, où elle les mènera. (3586)

Elle les conduit donc près de là, dans une vallée longue et large et fort agréable. On y trouvait de magnifiques logis ; au monde il n'y en avait pas de si beaux. C'était de là que partaient les mélodies qu'ils avaient entendues ; et tous ces chants s'accordaient si parfaitement, que c'était une musique céleste. (3601)

Les deux compagnons s'engagèrent dans la vallée ; mais s'étant retournés, ils ne virent plus le chemin par lequel ils étaient venus. Stupéfaits, ils demandent à la demoiselle par où ils ont chevauché, car ils ne reconnaissent plus la voie.

— «Vous le saurez assez tôt, répondit-elle, quand vous serez au château.» (3615)

Ayant passé une porte, ils entrèrent dans une ville, la plus belle qu'ils eussent jamais vue ; mais dans les rues, personne à qui dire un mot. «Compain, dit Laris, nous sommes dans une ville riche, mais je ne vois nulle âme vivante pour me répondre, et je ne sais comment il se fait que j'entende si douce mélodie ; je crois que c'est diablerie, féerie ou enchantement.» (2620)

— J'en suis émerveillé, répond Claris, jamais je n'entendis rien de pareil.

Les rues étaient tendues de riches tapisseries de soie garnies d'or et d'argent.

Les deux barons descendirent à un antique palais de grande seigneurie. Dans la salle ils trouvèrent douze dames. Après salutations de part et d'autre, les dames leur enlevèrent leurs armes, et les revêtirent de riches manteaux. Puis on s'assit tous sur des lits, et on se mit à causer. (3654)

Laris, s'adressant à la dame près de laquelle il se trouvait, s'informa courtoisement de son nom et de son genre de vie. — Elle répondit qu'elle s'appelait Morgane, qu'elle était sœur d'Artus, qu'elle était fée, de même que ses compagnes, et qu'elles demeuraient toutes en ce lieu qui était fort agréable. «Et puisque vous voilà venus, ajouta-t-elle, vous serez tenus en grand honneur, et vous nous ferez compagnie tous les jours de votre vie. Vous n'en devez pas être chagrins, car nous serons à votre Volonté. Tout ce que vous désirerez, vous l'aurez ; seulement, vous ne pourrez sortir de cet enclos.» (3682).

En entendant ces paroles, Claris fut pris d'une violente colère. «Dame, dit-il à Morgane, ceci n'est pas de la droiture, et si vous nous retenez de force, vous ferez grande vilenie, car force n'est pas raison.»

— Sire, comme dame bien enseignée répond Morgane, vous ne devez point nous blâmer ni nous offenser ; quand nous avons fait cette demeure, nous ne savions. pas que vous dussiez venir ; vous ne devez donc point vous mettre en colère et nous molester [57]. (3699)

Les Fées mirent les tables, se lavèrent les mains de même que les chevaliers, puis on s'assit. Il y eut toutes sortes d'excellentes viandes. Cependant, les cheva-

---

[57] La raison n'est pas très satisfaisante.

liers, soucieux de ce qu'ils avaient entendu, mangèrent peu. Ensuite on les mena coucher dans une chambre magnifique. (3714)

Laris s'endormit, mais point Claris, que vient occuper le souvenir de sa dame; il pense à son malheureux amour pour la belle Lidaine, et sa douleur et son désespoir se manifestent en gémissements. (3718)

Ses plaintes réveillent Laris, et celui-ci entendant son camarade gémir, le presse de questions pour connaître la cause de sa douleur; il le supplie, au nom de la plus sincère amitié, de ne lui rien cacher. Mais Claris n'ose et ne veut pas révéler qu'il aime sa sœur, la reine Lidaine, car il craint que l'aveu de cet amour n'excite contre lui le courroux de Laris. Enfin, vaincu par les instances de son ami, il lui confesse qu'il aime la reine Lidaine. Pour Dieu, ajoute-t-il, me le pardonnez! (3867)

Mais Laris n'en est nullement offensé; il lui donne même l'espoir qu'un jour il pourrait obtenir sa sœur. (3979)

Claris, tout joyeux, le remercie de cette bonne parole.

— Mais d'abord, dit-il, il nous faut sortir d'ici.

— J'espère que nous y réussirons, répond Laris, si Dieu m'en veut donner la force. (3986)

En ce moment le jour était venu; Laris se lève, et laissant son compagnon dormir, tout joyeux il sort de sa chambre. La matinée était belle; il entre dans un jardin. Madoine la Fée y était déjà pour jouir de l'air frais et embaumé; elle s'appuyait contre un arbre, et mettait des roses en sa chevelure. (3999)

Laris s'avance vers elle et la salue. Madoine lui rend son salut, puis le prenant par la main, le fait asseoir près d'elle; elle est charmée des grâces du jeune chevalier. L'amour, qui toujours fait merveilles, s'allume en son cœur, le fait battre, et l'attache, au beau Laris par des liens qui ne se dénoueront jamais. Elle croit modérer sa flamme en lui prenant la main; mais au contraire, cela ne fait que l'activer; elle ne peut se retenir de lui donner un baiser. (11028)

« Bel ami, lui dit-elle d'une douce voix, ne soyez marri si je veux être votre amie. Demeurez ici, et si vous n'avez point amour dont vous souvienne, bien est droit que vous m'aimiez, car il n'y a rien en moi qui soit à blâmer. » (4035)

— Dame, répond Laris, je ferai comme vous désirez, pourvu que vous m'enseigniez une chose.

— Sire, je vous enseignerai tout ce que vous voudrez, puisque vous faites mon commandement; que voulez-vous que je vous dise?

— Dame, le voici: cette route par laquelle nous arrivâmes céans, je veux que vous me l'appreniez. Parfois je m'en irai chasser dans la forêt pour me divertir;

désormais je ne tiens plus à aller combattre, je veux rester à jouir de la vie près de vous, belle et douce amie. » (4055)

La Fée lui répond : « Doux sire, je n'ose vous le dire, car si les autres le savaient, elles me tueraient. Néanmoins, je vous enseignerai la voie ; mais auparavant je veux être assurée de votre amour. » (4063)

Laris la prend entre ses bras et ne lui refuse rien. (4072)

Puis Madoine, prenant Laris par la main le conduit à un mur et lui montre une pierre : « Sire, dit-elle, cette pierre clôt le chemin ; c'est une œuvre de nigromance que nous, les douze fées qui céans demeurons, avons élaborée. En tournant cette pierre, on voit le chemin qui amène ici. Essayez. » (4087)

Laris tourna un peu la pierre et vit le chemin large et bien battu ; puis il remit la pierre en place, et la voie se trouva cachée. Alors, il serre la fée dans ses bras et la baise plus de cent fois, car il la trouve belle. (4097)

Laris s'en va retrouver dans la chambre son ami Claris qui restait morne et pensif : « Camarade, lui dit-il tout joyeux, je vous montrerai la voie par laquelle nous sommes venus ici ; nous nous en irons quand nous voudrons. » (4110)

Ces paroles redonnent à Claris son courage. (1119)

Ils montèrent alors dans la chambre où ils trouvèrent les douze fées ; elles les reçurent avec grande joie. Les tables, avec de blanches nappes, étaient dressées. Deux demoiselles apportèrent l'eau ; elles lavèrent les fées d'abord, puis les deux chevaliers, et on se mit à table. (1131)

Les deux amis restèrent là trois jours. Le quatrième, s'étant levés bien matin, ils prirent leurs armes, montèrent à cheval et partirent sans prendre congé ; ils tournèrent la pierre et entrèrent dans le chemin qui leur était apparu. Ils sortirent du val, et vinrent dans la plaine. (4112)

Maintenant que nos héros sont libérés de la douce servitude de Morgane, je vais hasarder une réflexion.

Cet épisode qui se passe au palais enchanté de Morgane, situé lui-même dans une vallée cachée dans les profondeurs de Brocéliande, château aux abords pleins de charmes, vers lequel on se sent attiré, où l'on arrive sans difficulté, mais d'où on ne peut sortir si l'enchantement n'est rompu, n'est pas sans quelque rapport, me semble-t-il, avec l'invention du Val sans Retour, séjour redouté que Morgane la fée avait conçu et aménagé en un coin de Brocéliande, pour la punition des chevaliers au cœur volage. J'y crois voir, sinon une imitation, au moins une réminiscence.

Les deux amis chevauchèrent à travers les champs de la grande forêt jusque au-delà de midi ; et ayant fait environ dix lieues, ils se trouvèrent à la Roche Perdue, mais ils ne l'aperçurent que quand ils furent auprès, car la forêt est haute et épaisse. (4157)

Sur la Roche se dresse un château fort de belle apparence. Ce fut Merlin qui en conçut le plan et qui le bâtit; pendant sa vie, il y accumula de grands trésors. Maintenant c'était un chevalier de haut renom qui le tenait en sa domination: il avait nom Matidas. Il était preux et hardi, et avait toujours avec lui vingt chevaliers.

Il avait une coutume: c'était de n'héberger aucun chevalier de passage, tant qu'il ne l'eût vu jouter de cinq lances contre cinq de ses chevaliers. Car il aimait voir les joutes; c'est pourquoi il entretenait ses chevaliers et leur donnait armes et chevaux. (4181)

Claris et Laris entrèrent au château. Matidas les voyant venir fit armer ses chevaliers, car il devina bien que les arrivants jouteraient; et il fit remettre à ceux-ci dix lances, leur apprenant que, s'ils voulaient avoir hôtel, il leur faudrait jouter ou bien aller prendre gîte ailleurs.

Claris et Laris répondirent qu'ils acceptaient de jouter. Et ils combattirent avec une telle adresse et un tel succès que Matidas leur en fit compliment, et les hébergea avec honneur. (4281)

Ils partent le lendemain matin et continuent de chevaucher par l'épaisse forêt.

A peine pouvaient-ils voir le sentier qui les menait hors du bois. Ils cheminent donc à l'aventure un jour entier par la forêt sans rencontrer homme, ni femme, ni lien pour s'héberger. La nuit les surprend; ils s'arrêtent pour laisser reposer leurs chevaux, et ils les attachent au pied d'un arbre. Et voilà que trois grands lions viennent pour dévorer les chevaux. Claris tue un des lions, Laris un autre, mais le troisième s'enfuit par le bois en rugissant, et revient amenant avec lui une bande de bêtes sauvages de toutes sortes: ours, lions, loups, tigres, léopards. Les deux compagnons eurent fort à faire de défendre leurs chevaux contre leurs attaques. Enfin, le soleil se leva et les bêtes s'enfuirent dans leurs repaires. (1368)

A partir de ce moment, nos deux jeunes errants me semblent sortir de Brocéliande. Nous y sommes entrés au vers 3290 et nous en sortons au vers 4368; les aventures s'y sont développées sur une longueur de 1078 vers. Nous y reviendrons encore plusieurs fois, et y resterons plus ou moins longuement. En somme, on le voit, Brocéliande occupe une place considérable dans le poème.

Maintenant nos deux jeunes héros vont continuer de courir aux aventures, ne voulant arriver à la cour d'Artur qu'avec un honorable bagage de prouesses. Nous ne ferons qu'indiquer les principales, pour que le lecteur sache par quelle suite d'événements nous reviendrons plus tard en Brocéliande.

Du reste, la contrée où se déroulent toutes ces aventures n'est que très confusément indiquée par le trouvère. Il nous a menés du royaume de Gascogne en Brocéliande. Mais en sortant de la grande forêt, il semble que, pour longtemps encore, nos jeunes héros vont opérer sur le sol de la Petite Bretagne avant d'arriver à la cour du roi Artus.

Et cette cour d'Artus si réputée, où se tient-elle elle-même? C'est ici que se montre encore cette insouciance des lieux, si fréquente chez les trouvères. En disant au début (vers 90 et 115) que le roi Artus est venu d'Angleterre conquérir la Bretagne (c'est-à-dire la Petite), sans nous informer s'il est retourné dans son royaume, le conteur nous laisse à entendre que le roi tient sa cour en Petite Bretagne. Et cependant, quand il en désigne le lieu, c'est à Caradigant (Cardignan), au pays de Galles, qu'il la place et qu'il nous mène, sans que nous ayons eu jamais à passer la mer et que mention soit faite de la mer nulle part. Assurément, pour lui tous ces pays ne forment qu'une terre, et il ne se doute pas que la contrée où l'on trouve Cardignan et Kamaalot puisse être une île.

III

En sortant de Brocéliande, nos deux jouvenceaux trouvent l'occasion de rendre à la liberté les rois Loth d'Orcanie, Marc, Baudemagus, et le comte de Montaigu, que le perfide Thoas avait surpris par trahison, et qu'il détenait prisonniers dans une tour de son château. (4572)

Après leur délivrance tous quatre chevauchant arrivent à Caradigant, où le roi Artus séjourna tout l'hiver, et ils racontèrent leur histoire, que dames et chevaliers écoutèrent avec plaisir.

A la cour se trouvaient aussi Gauvain, Carados, Yvain, la reine Blanche, les prisonniers des Noitons, l'Enchanteur du Château Périlleux, Matidas de la Roche Perdue, qui racontèrent chacun son aventure, et louèrent la vaillance des deux compagnons. (4624)

Le roi fut très joyeux, et fit savoir par toute sa terre qu'il voulait que partout où ils seraient, les deux compagnons fussent traités avec honneur. (4680)

Revenons maintenant à nos deux preux (4686) — Après l'aventure de Thoas, ils allèrent passer la nuit chez un ermite. Celui-ci, qui connaissait déjà la volonté du roi, les reçut du mieux qu'il put, et leur dit combien il était content d'héberger la fleur de la chevalerie, dont il était tant bruit à la cour. (4706)

Les deux amis furent étonnés d'être l'objet d'une telle estime, et en outre fort mécontents d'être connus, et d'apprendre qu'on s'occupait d'eux à la cour. Ils demandèrent à l'ermite, s'il ne pourrait leur procurer d'autres armures, pour que sous ce nouvel aspect on ne pût les reconnaître là où ils iraient. (4768)

—Justement, leur répondit-il, j'ai là les armes du sénéchal Keux et du maréchal Gale le Chauve.

Il les leur donna, et ceux-ci s'en étant revêtus, ils semblèrent l'un Keux et l'autre Gale, puis ils partirent de l'ermitage. (4794)

Leur chemin les mène près d'un château situé dans une vaste lande, où se tenait nombreuse et riche chevalerie assemblée pour un tournoi. Les deux amis entrent dans la lice et prennent part aux joutes. Ils se couvrent d'honneur au profit de Keux et de Gale le Chauve. Finalement, ils s'esquivent dans un bois pour n'être pas reconnus, et s'hébergent chez de bonnes dames religieuses. (4980)

(5007) Les deux amis entrent ensuite dans une riche cité; tous les habitants qu'ils voient sont en grande tristesse. Arrivés au palais, nos preux sont attendris par les gémissements d'une dame qui semble plus accablée que toute autre, et elle leur raconte le sujet de son deuil.

Le brave et accompli chevalier Brandaliz son seigneur, pendant que sans défiance et sans armes il chassait dans la forêt, a été capturé hier par le félon Roux de la Gaudine, qui s'est jeté sur lui avec six hommes armés. Mais Brandaliz s'est défendu et a tué le frère du déloyal; cependant, ils l'ont blessé et fait prisonnier, et aujourd'hui il doit être mis à mort. (5110)

Émus par la douleur de la dame, les deux amis s'offrent de s'adjoindre à ses gens pour délivrer son seigneur. (5155)

Ils partent et arrivent au lien du supplice au moment où Brandaliz, la corde au cou, allait être pendu. (5161)

Le félon Roux de la Gaudine était là avec ses gens, car il s'attendait bien qu'on essaierait de délivrer le prisonnier.

Un rude combat s'engage où Claris et Laris font grand massacre des ennemis. Laris d'un coup d'épée abat un bras à Roux de la Gaudine, et d'un autre lui fend la cervelle. La bataille alors est finie, et Brandaliz est délivré.

Les deux compagnons prennent congé de Brandaliz, et bien que celui-ci eût voulu retenir ses sauveurs, ils poursuivent leur chemin. (5310)

De là nos amis vont s'héberger chez un prévôt qui les traite avec grande courtoisie. Il signale à leur bravoure un monstre épouvantable, une guivre de quinze pieds de long, et ses sept petits guivrets qui vomissent flammes et venin, et ont déjà tué plus de vingt-trois chevaliers venus pour les combattre. Les deux amis s'en vont attaquer les bêtes, et parviennent non sans péril à les occire. Mais ils tombent à terre, pâmés par l'effet du venin. Le prévôt arrive à temps pour les rappeler à la vie, et les garde à son château tant qu'ils soient guéris. (5358-5666)

Pendant ce temps, le roi Artus, provoqué par Théréus l'empereur des Romains qui prétend l'avoir en vassal, se prépare à porter la guerre dans ses états (5667 à 5922)

A la cour étaient arrivés Brandaliz, les chevaliers du tournoi et le prévôt, qui racontèrent au roi les prouesses qu'avaient faites les deux jeunes gens, sous l'apparence de Keux et de Gale. Mais le roi soupçonna qu'ils s'étaient dissimulés sous des armures d'emprunt, et dit qu'il donnerait mille marcs à qui l'informerait où ils étaient.

Le prévôt le satisfit, en lui apprenant qu'ils étaient en son hôtel à se guérir du poison de la guivre. (5960)

Alors le roi, la reine, dames, demoiselles, chevaliers partent en grande joie pour les aller chercher. Il y eut fêtes et festins à la ville du prévôt. (6132)

Et le roi leur ayant demandé s'ils voulaient l'aider dans sa guerre contre l'empereur de Rome, ils dirent qu'il ne pouvait que leur revenir grand honneur de prendre rang dans sa chevalerie. (6154) Ils guerroient donc à côté des plus solides défenseurs d'Artus, et grâce à leur vaillance la victoire est complète, l'armée des Romains est vaincue et dispersée[58]. (6886)

Puis les chevaliers toujours chevauchant reviennent de France à Caradigant en Bretagne.

Mais voilà que le roi Ladon mande Claris et Laris pour revenir en Gascogne, car le roi d'Espagne Savari (7433) le tenait assiégé dans Toulouse, et voulait s'emparer de sa femme et de son royaume. (7099)

Les deux amis partent avec dix chevaliers que leur donne Artus pour les honorer, et ils s'en vont chevauchant de Caradigant jusqu'en Gascogne (6985)

Un brillant fait d'armes contre les assiégeants donne aux douze chevaliers (les dix Bretons, Claris et Laris) l'entrée de la ville de Toulouse ; ce fut joie générale. (7221)

Le roi Ladon organise pour le lendemain un tournoi entre les chevaliers des deux armées. Le roi en reste simplement spectateur avec la reine aux fenêtres du palais. (7395)

Ladon est émerveillé de la vaillance de Claris. « Dame, dit-il à la reine, quand je serai mort, si vous devez prendre mari, je voudrais bien que ce fût lui. » (7520)

Le lendemain du tournoi fut livrée la vraie bataille entre les deux armées. Claris, Laris et les dix Bretons firent d'admirables prouesses, et l'armée du roi d'Espagne fut vaincue et mise en déroute. (7660-7839)

Mais Claris reçoit une blessure ; la reine Lidaine vient le soigner, elle ignorait

---

[58] L'idée de cet épisode : la guerre d'Artus contre les Romains, est empruntée à Geoffroi de Monmouth.

que Claris l'avait pour amie. Une fois qu'elle était seule avec lui, il croit le moment bon pour lui faire une déclaration. La reine s'en irrite et le réprimande. Claris de douleur tombe en pâmoison ; on le croit mort. Survient Laris ; la reine lui raconte ce qui s'est passé. Laris sent que le cœur bat encore à Claris ; il imagine un remède héroïque pour le ramener à la vie : il presse Lidaine, sa sœur, de donner des baisers au moribond jusqu'à ce qu'il revienne à vie. (8140)

La reine se dévoue et opère. A ces doux contacts, le pâmé ressuscite, et plus de cent fois l'embrasse à son tour. Mais Lidaine veut que maintenant il s'éloigne de la cour avec Laris, et qu'ils retournent tous deux en Bretagne. (8179)

IV

Claris, Laris et les dix chevaliers bretons reprennent donc le chemin de la Bretagne.

Une nuit, ils couchèrent dans un bois, sous un pavillon qu'ils firent dresser. Et voilà que vers la mi-nuit, Madoine la fée, accompagnée de deux autres fées, Brimeholz et Salatrie la Sage vinrent à passer devant le pavillon. Madoine était restée bien chagrine de la fuite de Laris ; elle ne lui pardonnait pas de l'avoir délaissée après l'avoir rendue grosse. « Venez, dit-elle à ses compagnes ; ce chevalier que vous voyez là, c'est mon très doux ami, c'est de lui que je tiens cet enfant que je porte en moi. Emportons-le, je veux l'avoir avec moi, car je l'aime loyalement. »

Les trois fées le prennent et l'emportent. (8260)

Le lendemain, les barons ne trouvent plus Laris. Claris entre dans un violent désespoir. Les dix chevaliers promettent de partir à la recherche de son ami ; dans un an ils se retrouveront en ce lieu même, pour savoir le résultat de leur queste. Chacun, Claris tout d'abord, se mit en route de son côté. (8332)

Les fées emportèrent Laris bien loin dans leur vallée de la forêt de Brocéliande[59] (vers 10135), et le déposèrent, toujours endormi, dans une belle chambre. Cette chambre elle-même se trouvait dans une tour aux épaisses murailles de marbre, que Madoine avait faite après la fuite de Laris pour l'y enfermer, car elle savait bien qu'elle finirait par le prendre. Les fenêtres étaient garnies de solides barreaux de fer. Deux vilains, monstrueuses créatures, grands de quinze pieds et vigoureux, gardaient la porte, et ils ne la défermeront que pour y laisser entrer

---

[59] Cela résulte aussi de l'indication donnée au vers 10946, et de ce que l'enchantement qui ouvre et ferme le bocage est le même qu'à l'aventure du palais de Morgane (4074).

Madoine, quand elle voudra être avec son ami. Quatre autres vilains de même stature veillaient sur la pierre d'ingromance qui ouvrait le chemin de la vallée. (8384)

Le trouvère nous fait le portrait des vilains.

> 8369 Or vueill des vilains les faitures
> Deviser et les estatures.
> Li vilain sont de laide forme,
> Ainc si tres laide ne vit home;
> Chacun a quinze piez de granz,
> En auques ressemblent jaianz,
> Mes trop sont de laide maniere;
> Boçu sont devant et derriere,
> Lei cheveux noirs comme arremenz (*encre*),
> Les ongles grandes com serpenz,
> Les mentons demi pie de grant,
> Lor euls ressemblent feu ardant,
> Denz de senglier et nez de chat,
> Hure de lou qui se combat;
> Trop ressembloient bien deable,
> Tant son fier et espoantable[60].

Laris en s'éveillant fut bien étonné de se trouver en tel lieu, et de ne plus voir ses compagnons, et il se désole. Puis ayant aperçu la Fée, il comprend que c'est elle qui l'a ravi et le détient en son palais; il décharge sa colère contre elle, et la traite durement. Celle-ci lui riposte par d'assez bonnes raisons; Amour la domine, dit-elle; elle engage Laris à rester avec elle pour vivre dans le plaisir, sinon elle lui fera connaître le chagrin. (8472)

Le poète ensuite laisse Laris au palais de Madoine. Il nous dira plus loin (10137-10144) qu'il y était toujours chagrin et irrité; mais la fée le réconfortait, car elle l'aimait loyalement, tandis que lui, Laris, ne la peut aimer, car c'est par force qu'elle le veut avoir.

Le trouvère se met maintenant à nous raconter les aventures des onze chevaliers qui entreprennent la recherche de Laris. Ces aventures sont pour nous sans intérêt. Nous ne mentionnerons que celles qui amènent en Brocéliande quel-

---

[60] Ce portrait n'est pas sans ressemblance avec celui que nous a présenté Chrestien dans le *Chevalier au Lion.*

ques-uns d'entre eux, et la délivrance de Laris. Voici d'abord celle qui survint au chevalier le Laid-Hardi.

Il battait le pays depuis quinze jours et n'avait rien appris sur Laris.

Au seizième si li avint
Que sur la rive de mer vint
Auques près de Brocéliande.

Dans une lande voisine, il trouve nombreuse compagnie de dames et de chevaliers occupés à écouter un chanteur, qui les retenait par enchantement; ils étaient plus de deux mille. (10730) Le Laid-Hardi se mêle parmi eux et subit lui-même l'enchantement. Le charme ne devait cesser qu'à l'arrivée du plus loyal des chevaliers, et celui-ci ne fut autre que Claris (10745 à 10800), que la queste de son ami Laris amenait de hasard en cette terre.

Messire Keux, de son côté, allait par monts et par vaux, s'informant de Laris. Or, une nuit

Qu'il iert (était) droit en Brocéliande,
La forest qui tant par est grande (10135)

n'ayant ni bu ni mangé de la journée, et n'ayant point rencontré où s'héberger, transi de froid, car on était au temps de Noël, il trouve un tas de mousse. Il descend de son cheval qu'il attache à un arbre, et se blottit bien profondément dans le tas de mousse, et dans son gîte il se mit à réfléchir et à monologuer en lui-même, se dépitant sur le malheureux sort des chevaliers. (10131)

« Par ma foi, se disait-il, en ce monde terrien il n'y a pas si sottes gens que chevaliers. Ils courent après leurs mésaventures; plus ils veulent croître en renom, plus ils ont de maux à souffrir. Au diable tel métier! Moi-même, je n'ai pas un membre qui ne se plaigne, tant j'ai reçu de coups. Et à présent, je ne suis pas en Bretagne, à la cour du roi mon seigneur où je choisissais à la cuisine les meilleurs morceaux; ici je n'ai rien à boire ni à manger. Et que me voilà bien caché sous bonnes couvertures pour me garantir du froid! Et mon cheval, le voilà bien soigné, le voilà bien pourvu de foin et d'avoine! Il n'aura pas mal à la hanche, bien sûr, car il a belle litière de neige blanche! Ah! je voudrais bien que tous les chevaliers du monde fussent cette nuit aussi à leur aise, ils auraient grand plaisir!»

Ainsi dist Keux le Sénéchaux
Qui trop est fel (*félon*) et desloyaux (10131)

Infortuné sénéchal! il faut encore que le trouvère lui tombe dessus!

Le matin, un des vilains qui gardaient Laris s'en va pour rapporter son tas de mousse; il vient à la pierre, la tourne et entre dans la forêt. Keux le voyant venir le prend pour le *déable* tant il était *espoantable*, et se tient coi sans rien dire. Le vilain ayant aperçu le cheval l'emmène et le donne à Madoine. Voilà Keux bien pris! Où aller et que faire maintenant qu'il n'a plus de cheval? Il reste en sa cachette. Mais revoici le vilain, Keux tremble de tous ses membres. Le vilain vient à son tas de mousse, saisit une jambe et attire Keux. En le voyant, le vilain se met à rire,

Tel ris comme un âne ferait
Quand l'ânesse venir verrait (10184)

et il l'emporte à sa dame que cela amuse beaucoup.

Keux voyant Madoine reprend courage. La fée s'informe qui il est et d'où il vient; et Keux lui raconte toute l'histoire, comment Laris a été enlevé une nuit, et comment ses compagnons se sont mis à sa recherche.

—Venez, dit la fée, je vous le montrerai.

Et elle le prend par la main, et elle le mène tenir compagnie à Laris, qui en fut bien content. (10220)

Claris, à son tour, après avoir longtemps erré à la recherche de son ami

Est entrez en Brocéliande,
La forest grant et merveilleuse
Et a toute gent redouteuse (10948)

Il arrive au Château Périlleux (il en a été dit l'aventure précédemment, 3350) et s'y héberge la nuit. Le lendemain, il s'enfonce dans la vallée, car il se doute bien que les Fées ont enlevé Laris et l'ont caché dans leur profonde retraite. Il entend le son des instruments, mais il ne peut découvrir l'entrée du val. Il passe lui aussi la nuit sur un tas de mousse, toujours entendant la douce mélodie. (10966)

Au matin, l'un des vilains qui garde Laris sort dans le bois pour y ramasser de la mousse. Il voit le cheval, et s'élance vers lui pour s'en emparer comme de celui de Keux. Claris surgit aussitôt: Vilain, lui crie-t-il, vous ne l'emmènerez pas! (10980)

Le vilain s'élance sur Claris et abat un coup de massue que celui-ci esquive. A son tour il se jette sur le vilain, le prend aux cheveux, le renverse sous lui par terre, et s'apprête à lui couper la tête. Le vilain requiert merci. «Franc chevalier, lui crie-t-il, ne m'occis pas, et je t'apprendrai ce dont tu seras content: non loin dans une vallée demeure Morgain; elles y sont douze Fées; si vous voulez y venir, vous y trouverez joie et honneur, autant qu'empereur ou roi en peut avoir. (11003)

— N'y a-t-il aucun homme? fait Claris.

— Oui, vous y rencontrerez deux chevaliers: l'un y est retenu renfermé, il s'appelle Laris; Madoine la fée l'a enlevé de son pavillon, elle est son amie. (11014)

A cette nouvelle, Claris fut transporté de joie; il accorde la vie au vilain, et celui-ci en reconnaissance lui promet d'être son homme et de lui obéir.

— *Biau* doux ami, lui dit Claris, puisque tu te mets en ma puissance, il faudra que tu m'aides. Laris est mon compagnon, je veux le délivrer, tu me seconderas.

— Sire, répond l'autre, ce ne sera pas chose facile. Voici ce que j'imagine: vous vous blottirez dans ce tas de mousse, et je vous y arrangerai si bien que personne ne vous verra, et je vous porterai ainsi sur mon dos jusque dans la prison de Laris.

Claris approuve, et laisse faire le vilain qui dépose son faix dans la chambre de Laris. A ce moment, le second vilain, qui faisait la garde, trouve que c'est à son tour d'aller dans la forêt et se hâte de sortir. (11055)

— Sire, dit l'autre à Laris, j'ai vu Claris votre compagnon, il vous salue, et il sera aujourd'hui en cet hôtel.

Laris en a telle joie, qu'il eût bien embrassé le vilain.

Madoine était allée par le monde s'ébattre avec quatre de ses compagnes, et elle ne devait revenir que dans quatre jours. — Le vilain délie son faix et Claris s'en dégage. — Grande joie des deux amis.

Mais il fallait sortir du bocage, et la pierre qui ouvrait la voie au dehors était bien gardée.

Le bon vilain, pour aider à leur évasion, cherche querelle à son camarade au sujet du cheval de Claris qu'il amenait, et le tue d'un coup de couteau. (11171) Les voilà, donc débarrassés d'un camarade gênant.

Keux, à son tour, entre dans la chambre et saute de joie en voyant Claris. «Claris, lui dit-il, qui vous a céans amené? Pour moi, c'est un diable, et j'ai failli être tué.» — Keux, doux ami, répond Claris, ne vous inquiétez pas de qui m'a mis ici, mais joignez-vous à nous, et cette nuit nous vous ferons sortir d'ici.» (11200)

Le bon vilain ensuite sert aux barons à boire et à manger.

Le repas fini, Keux s'en va dans la salle où étaient les dames, et celles-ci s'informent de Laris. Keux leur répond qu'il est bien marri. (11211)

La nuit venue, Claris et Keux bien armés montent sur leurs chevaux. Quant à Laris, il prend un bouclier et un lourd bâton, et le vilain s'arme de ce qu'il trouve. Puis ils vont à la pierre que gardent les quatre vilains.

Claris à l'un enlève la tête d'un coup d'épée ; Laris étourdit le second d'un coup de son bâton. Quant aux deux autres, ils prennent la fuite. Laris tourne la pierre enchantée ; le chemin s'ouvre. Laris monte en croupe derrière Claris, et les voilà sauvés ! (11212)

Claris et Laris heureusement réunis et délivrés se mettent eux-mêmes à la recherche de leurs compagnons. A fur et mesure qu'ils en rencontrent, ils les envoient à la cour d'Artus.

Celui-ci, instruit de leur prochaine arrivée, fait annoncer un tournoi en leur honneur pour le jour de bout de l'an, terme où les chevaliers ont promis en se séparant de se trouver réunis.

Dans ce tournoi, Laris montra sa vaillance, mais il reçut une blessure. Il fut soigné par la belle Marine, fille du roi Urien et sœur d'Yvain. Et en lui s'allume cet amour qui n'aura satisfaction qu'après de pénibles épreuves.

En analysant ce récit de l'enlèvement de Laris et de la queste qui s'en suivit, il me semble en résulter que l'auteur ne se rend pas bien compte des rapports des lieux où se démènent ses personnages, et que pour lui le pays de Caradigant (Cardignan) et de Kamaalot, villes de l'île de Bretagne où se tient la cour d'Artus, est très rapproché de la Petite Bretagne, et même qu'il y confine immédiatement.

En effet, 1° le pavillon dans lequel Laris fut ravi, n'était pas en Grande Bretagne, puisque c'est pendant que Laris s'y rendait, partant de Gascogne, que le rapt eut lieu. On est même en droit d'admettre que le pavillon était au voisinage de Brocéliande, sinon en Brocéliande même, par conséquent en Petite Bretagne. C'est dans ce même lieu que les onze chevaliers se donnent rendez-vous.

2° Claris et Laris, que le premier a délivré, se mettent eux-mêmes à la recherche de leurs compagnons. A fur et à mesure qu'ils en rencontrent, ils les envoient en porter nouvelle au roi Artus, à Kamaalot (11360), mais surtout à Caradigant. (12095-12097)

3° Le roi demande à Bedoyer, l'un des compagnons arrivés, quand les autres chevaliers doivent être réunis, et Bedoyer répond :

A la Pentecôte tout droit,
Au carrefour de bel endroit,
Où le pavillon fut tendu
Le jour que Laris fut perdu. (12585)

Et le roi, pour les honorer, dit qu'il fera annoncer un tournoi pour ce jour, en cet endroit. (12590)

4° La veille du tournoi, Gauvain, Claris et Laris, qui viennent d'arriver près du lieu où les joutes se doivent donner, conviennent de n'y paraître que sous des armures nouvelles, afin de n'être pas reconnus ; et ils en envoient acheter à Caradigant, qui, dit le poète, n'est qu'à cinq lieues du lieu des joutes. (13070)

5° Laris blessé au tournoi est mis dans une *litière*, et transporté à Caradigant. (13380)

6° Si Caradigant, au pays de Galles, n'est qu'à cinq lieues du champ des joutes, en Brocéliande ; et si Laris put être transporté en *litière*, à Caradigant, cela prouve bien que le poète ne connaît pas la situation des lieux dont il parle.

V

Sur ces entrefaites, le vieux roi Ladon trépasse. Savari le roi d'Espagne profite de l'occasion pour envahir la Gascogne afin de s'en emparer, ainsi que de la belle Lidaine. (13463)

La reine mande à Claris et à Laris de venir à son secours. Ils partent emmenant avec eux mille chevaliers bretons que le roi Artus a choisis. (13638)

Mais, pendant ce temps, la reine était tombée au pouvoir de Savari qui l'enferme dans son château de Monjardin, le plus fort de son royaume. (13716 à 13751)

Un combat se livre et Claris tue le roi d'Espagne. (13835)

Les Bretons passent en Espagne pour délivrer la reine et assiègent Monjardin. Mais la chose ne va pas sans difficulté, car ils furent eux-mêmes assiégés par plus de cinquante mille chevaliers espagnols. (14135)

Luquans chevauche jusqu'en Bretagne pour demander secours au roi Artus (14017) qui était à Caradigant. (14100)

Le roi rassemble sa valeureuse armée et part avec elle.

Le rois fait sa gent arrouter
Et, vers Espaigne cheminer,
Passent tes monts, passent les plaignes ;
Ainsi chevauchant les compaignes,
Tant ont erré et chevauché
Que Bretagne ont moult esloigné,

La terre d'Espaigne approchèrent. (14187)

Est-il besoin de dire que les Bretons battirent les Espagnols et que la reine fut délivrée ? (14136) Dès le lendemain, en grande pompe, se fit son mariage avec Claris ; la messe fut célébrée par l'archevêque de Cantorbéry. (14509)

L'Espagne est conquise ; Artus en donne la royauté à Claris (15165), qui ajoute cette royauté à celle de Gascogne.

Le roi Artus regagne alors la terre de Bretagne avec ses chevaliers. (15189)

VI

Mais Laris pense toujours à la belle Marine, il se consume d'amour pour elle ; et il avoue à Claris qu'il en mourra s'il ne la revoit et s'il ne l'obtient. (15249) Dès le lendemain Claris, Lidaine et Laris partent pour la Bretagne. (15300) Il leur arrive, chemin faisant, diverses aventures. (16095)

> Certain jour ayant chevauché jusqu'au soir,
> Atant voient Brocéliande
> La haute forêt belle et grande (16099)

En l'apercevant, Laris se souvient de Madoine ; et il craint de retomber au pouvoir de la Fée, s'ils ont l'imprudence de traverser sa forêt. Que faire, demande-t-il à Claris ?

— Passons en dehors, lui répond Claris,

> N'entrons pas en Brocéliande !
> De jouste la forêt qu'est grande
> S'en vont li baron. (16112)

Enfin, ils arrivent à la cour d'Artus à Camaalot, en Bretagne. (16189) — Mais Laris n'y trouve point Marine et on apprend la fâcheuse nouvelle, que le roi Urien est assiégé dans sa ville par le roi Tallas de Danemark, qui veut s'emparer de sa fille et l'épouser malgré lui. (16615)

Ce coup accable l'amoureux Laris et le fait tomber en pâmoison (16672), et Lidaine, le croyant mort, se pâme elle-même trois fois en une heure.

Claris, qui sait le pourquoi de la pâmoison de Laris et qui connaît, par expérience, la vertu d'un baiser venant à propos, engage Lidaine à répéter, sur Laris, le charme qui le suscita lui-même de pâmoison à vie. (8145)

— Seule, dit-il, pouvez guérir votre frère Laris ; baisez-le en lui roucoulant à l'oreille le nom de Marine ; pour lui ce sera vivifique médecine.

Et ainsi fut. (16735)

Plus loin, ce sera le tour de Marine, de tomber en pâmoison à propos de Laris qu'elle croit avoir été tué dans une bataille contre Tallas. Et ce sera Claris, l'ami de Laris, qui, par quiproquo, se chargera de pratiquer sur le visage de Marine le charme d'infaillible vertu, en lui disant à l'oreille : Je suis votre ami Laris! (19300)

En apprenant la détresse du roi Urien et de Marine, Yvain frère de Marine, Gauvain, Claris et Laris partent au secours de la ville assiégée, et le roi Artus promit d'y aller prochainement avec sa baronnie. (16942)

La fée Madoine, instruite du départ des quatre chevaliers, leur suscite, en chemin, des apparitions fantastiques qui vont les entraîner chacun en des directions différentes, et les séparer. (16977)

En traversant une forêt, Gauvain voit emporter un cercueil et il entend une voix qui déplore la mort du roi Loth, son père. Gauvain et ses compagnons courent aussitôt pour le rejoindre. (17023)

Un peu plus loin, Yvain croit voir son père, le roi Urien, blessé d'une flèche, s'enfuyant sur son destrier, et poursuivi par le roi Tallas. Yvain court à sa défense. (17062)

Puis c'est Claris qui aperçoit deux chevaliers entraînant Lidaine, laquelle implore, à grands cris, le secours de son époux. Claris se met à la poursuite des ravisseurs.

Laris veut le seconder, mais une flèche lancée par une main invisible tue son cheval, et il se trouve arrêté. — Et voilà qu'un écuyer vient, en gémissant, lui annoncer que Claris et Lidaine ont été tués. Laris tombe en pâmoison et, quand il se ranime, il trouve Madoine la fée assise à ses côtés. (17136)

—Que venez-vous faire ici? lui dit-il, plein de courroux.

—Doux ami, répond-elle, en vous j'ai mis mon cœur, et je suis venue pour vous réconforter. Ne pensez plus à Claris et à Lidaine : ils sont morts, que Dieu les prenne! Je vais vous faire porter dans notre secrète vallée de Brocéliande, là vous n'aurez rien qui vous déplaise, vous y demeurerez avec moi dans le bonheur et dans la joie. (17155)

Mais cela n'est pas du goût de Laris, et il se met en grande colère contre Madoine, et l'invective d'une manière peu chevaleresque: Allez! vieille folle, vieille vicieuse, que Dieu vous accable de honte! J'aimerais mieux être moine tondu, plutôt que d'aller avec vous. Prenez garde qu'il ne vous en coûte la tête! (17169)

Après des aménités de ce genre, il recommence à se lamenter sur la mort de Claris et de Lidaine, et bientôt il retombe en pâmoison. (17185)

Madoine en profite pour le faire emporter par quatre de ses chevaliers. (17282)

Pendant ce temps, Claris a rejoint les deux ravisseurs de Lidaine, il en blesse un grièvement, et, celui-ci, se sentant près de mourir, révèle à Claris que tout ce qui vient de leur survenir n'a rien de réel ; c'est une machination, un enchantement, de vaines apparences opérées par la fée Madoine, pour parvenir à s'emparer de Laris. (17287)

Rassuré sur le compte de Lidaine, du roi Loth père de Gauvain, et du roi Urien père d'Yvain, Claris éperonne en hâte vers Laris, et dans son chemin, il rencontre Madoine avec quatre chevaliers emportant Laris. Il manœuvre de son épée et délivre son ami. Madoine désolée s'enfuit en pleurant dans la grande forêt. (17325)

Enfin, après divers incidents, Gauvain et Yvain finissent par se trouver réunis aux deux amis Claris et Laris, et tous les quatre parviennent à entrer dans la ville, assiégée. (19137) Le roi Urien en eut grande joie.

Le roi Artus arrive lui-même avec une formidable baronnie. (19860) Une grande, une dernière bataille va se livrer. Tallas et son père Salehadin s'avancent avec leurs nombreux guerriers. Ceux de la ville marchent à leur rencontre et font un grand dégât dans l'armée de Salehadin. Alors se montre Artus avec ses quarante mille chevaliers. (20221) A leur approche, Salehadin tourne en fuite. Tallas, le voyant abandonner la bataille, s'enfuit lui-même après son père. Les Bretons les huent et les poursuivent avec ardeur en en faisant grand carnage. (20234)

Laris, qui cherche à atteindre Tallas, devance tellement ses compagnons qu'il se trouve tout à fait isolé. Cent des chevaliers de Tallas l'entourent et le font prisonnier. (20265)

Pendant ce temps, les vainqueurs rentrent dans leurs pavillons et dans la ville. Mais on ne voit point Laris, on ne sait ce qu'il est devenu. Le roi Artus fait le serment de ne point revenir en son royaume de Bretagne sans Laris, s'il est encore en vie, et d'aller le chercher jusqu'en Danemark. (20363) — Trente des meilleurs chevaliers d'Artus partent à sa recherche. (20370) — Artus leur donne rendez-vous dans un mois à Clavent, principale ville de Danemark, et lui-même ira les attendre, et ils diront le résultat de leurs recherches. (20425) — Chacun part de son côté.

Ainsi, comme je l'ai dit au début, pour le poète, Gascogne, Bretagne, Danemark, toutes ces contrées se tiennent et ne forment qu'une seule terre.

Faut-il croire que c'est chez lui réelle ignorance des situations des lieux ? Faut-il, par indulgence, admettre que son intention était d'éviter ainsi toute complication dans les itinéraires de ses personnages?

Dans cette nouvelle queste dont le récit ne comprend pas moins de 7671 vers, environ le quart du poème, nous ne trouvons qu'une aventure que nous ayons intérêt à connaître: c'est la rencontre que fait Claris de Merlin le fameux devin.

Claris qui avait chevauché par forêts, bruyères et montagnes, entre un jour dans une immense forêt; il la parcourt jusqu'au soir. Ayant aperçu un grand feu il s'y dirige. Il y rencontre un vieux preud'homme qui l'hébergea; Claris s'étant assis près de lui devant le feu, lui demande qui il est.

—Je suis Merlin, répond-il, l'ami du roi Pendragon avec lequel j'ai longtemps vécu. Mais le monde est si rempli de chagrins, que je suis venu dans cette forêt pour me mettre à l'abri, et j'y resterai jusqu'à la mort. (22913)

Claris, heureux de la rencontre du prophète, s'informe du sort de Laris. Merlin lui apprend qu'il est en Danemark, et lui enseigne point par point comment, avec l'aide de ses compagnons, il le pourra délivrer.

«Demain, lui dit-il, vous partirez d'ici. Vous vous adjoindrez tous ceux des trente que vous rencontrerez en votre route et mettrez le pied en Danemark. Là vous entrerez dans un ermitage et vous y serez au nombre de quinze. Puis vous arriverez à un château où dix des vôtres sont prisonniers; vous les délivrerez; ils se réuniront à vous et vous serez vingt-cinq. Les cinq autres ont été pris et sont enfermés avec Laris dans le château de Tallas.

«Vous vous vêtirez tous en ermites, et ne garderez pour armes que de longs couteaux que vous cacherez en votre chausse. Vous entrerez au château où sont les prisonniers, vous monterez dans la salle, les couteaux tirés, vous vous, rendrez maîtres du château et délivrerez les chevaliers.»

Ainsi parla Merlin, puis ils soupèrent d'un lardé de cerf, sans pain ni vin, ni bière.

Le lendemain Claris se remit en route. (23014)

Tout arriva ainsi que Merlin l'avait prédit.

Le roi Tallas du haut de son château aperçoit les ermites.

—Voilà, dit-il aux siens, des gens qui portent bons deniers; je vais les héberger, et quand ils seront endormis, nous les tiendrons.

—Entrez, fait-il aux ermites, mais que vous vouliez ou non, vous paierez votre écot. Allons, mettez vos manteaux en gage.

Alors, les faux ermites jettent leurs manteaux et tirent leurs poignards. — A cette vue Tallas s'enfuit hors du château. — Les barons ferment la porte, se répandent dans le château, massacrent tout ce qu'ils rencontrent, et délivrent les compagnons qui étaient enfermés, c'est-à-dire Laris et les cinq autres chevaliers de la queste qui par mégarde étaient venus se faire prendre. (28163)

Le roi Tallas revient bientôt avec bon nombre de chevaliers pour reprendre le château d'assaut. Un rude combat s'engage à la porte principale ; les nôtres se défendent avec avantage. Tallas voyant combien de ses guerriers ont été tués, se décide à se retirer et remet l'assaut à un autre jour. (28359) — Il appelle à son secours le roi Salehadin son père. Celui-ci fait aussitôt sa paix avec Baraton roi de Russie avec lequel il est en guerre, et tous deux amènent leur armée et viennent rejoindre Tallas. (28555)

Ceux du château attendent Artus avec grande impatience. Enfin, tant chevaucha le roi Artus qu'il arrive en Danemark avec une armée comptant plus de cent mille écus. (28740) — Du haut des murailles, les assiégés aperçoivent l'enseigne de Bretagne ; ils prennent leurs armes et s'apprêtent à sortir. (28764) Une dernière et décisive bataille se livre : Tallas est tué par Artus ; Laris transperce Salehadin, et Claris enlève à Baraton la tête de dessus les épaules. La victoire est complète. (28872)

« Je donnerai à Laris la terre que nous venons de conquérir, dit Artus à ses barons. (28909) ; et ayant appris que Laris est amoureux de Marine, sœur d'Yvain, il envoie celui-ci avec Gauvain en Bretagne pour qu'ils amènent la demoiselle en Danemark, et que leur mariage soit célébré. (28967)

Une nuit que Marine reposait en son lit, triste et anxieuse au sujet de son cher Laris dont elle ignorait le sort, près d'elle, tout à coup, survient Madoine la fée. (28968) Madoine était en grande désolation, car elle savait que Laris prendrait Marine pour femme ; mais elle voulait aussi que le fils qu'elle avait de lui obtînt un jour le royaume que Laris devait tenir de son père. Tant qu'elle vivra, elle l'empêchera si elle peut de prendre femme en mariage.

Madoine réveille Marine et la prépare à apprendre mauvaise nouvelle.

« Ayez de la force, jeune fille, lui dit-elle, le monde ne peut toujours durer, et chacun rencontre la mort. A quoi bon en faire trop grand deuil ? Belle, le beau Laris est mort en se battant contre des chevaliers. J'arrivai près de lui pendant qu'il respirait encore. Il me remit un petit anneau que, dit-il, vous lui donnâtes quand vous vous promîtes amour ; il vous mande de le garder. Vous le mettrez à votre doigt en souvenir de sa mort. Il vous aimait plus que nulle femme au monde. » (29015)

A cette nouvelle, Marine tombe en pâmoison dans son lit, et Madoine lui ayant passé l'anneau au doigt, disparaît.

Le lendemain, Marine se voyant au doigt l'anneau de Laris est prise d'une violente douleur ; elle se pâme et se repâme en déplorant la mort de Laris. (29095)

On a pu voir que chez nos trouvères la pâmoison est un incident de grande ressource pour exciter l'émotion. C'est chose merveilleuse de voir tous ces gens, hommes et femmes se pâmant et se repâmant pour quelque chagrin, une douleur morale, et jubilant à voir les beaux coups d'épée bien fourbie, qui abattent les têtes, qui pourfendent les crânes, détachent bras et jambes et opèrent toute vivisection.

Mais, pendant que Marine se lamente, arrivent Gauvain et Yvain. Ils lui apportent bonne nouvelle, car ils lui apprennent que Laris est vivant et qu'ils viennent de coopérer à sa délivrance. (29096)

— Hier matin nous l'avons quitté plein de vie et de joie, disent-ils. Et nous sommes venus vous chercher pour vous emmener, afin que votre mariage soit célébré » (29140)

Dès le lendemain ils se mettent en route pour le Danemark, avec une compagnie de cent jeunes demoiselles richement parées et escortées de cent chevaliers. (29148)

Ils cheminent ainsi quinze jours[61], et, au seizième, ils rencontrent, dans un grand bois, quatre écuyers qui les invitent à venir s'héberger en hôtel, où vous aurez, disent-ils, tout à souhait. (29170) Ils acceptent, et les écuyers les conduisent en un lieu où se trouvaient dix pavillons somptueux. Les cordes étaient de soie, les bois de cyprès doré, et de riches tapisseries en formaient le revêtement. On y voyait des ornements sarrazins, les vraies médecines écrites en hébreu. On y avait représenté des Juifs, des Sarrazins, des Chrétiens, ainsi que les batailles qu'ils se sont livrées ; le cours des astres au firmament ; le soleil, les planètes peints en riches couleurs, ainsi que leurs mouvements ; les signes, les avènements qui se produisent au ciel, tels que la foudre qui tombe sur la terre. Les barons restaient ébahis devant ces merveilles des pavillons qui étaient œuvres de grande maîtrise. (29223) Les serviteurs leur firent les honneurs de la réception, car le seigneur était en voyage d'agrément.

Les dames se lavèrent les mains et s'essuyèrent aux serviettes, les chevaliers firent de même, puis ils s'assirent à table, et on leur servit un excellent et solide souper ; (29254) ensuite, on les mena coucher dans des lits somptueux. (29267)

Or, ces pavillons étaient l'œuvre de Madoine, qui par enchantement les avait dressés dans le bois. Elle voulait emmener Marine et ses compagnons dans sa

---

[61] Ainsi le cortège va mettre plus de quinze jours à retourner là, d'où les deux compagnons Gauvain et Yvain étaient venus en un jour ! Et cette contradiction se fait à 33 vers de distance ! (29137 à 29170)

vallée, sachant bien que Laris viendrait l'y chercher, et alors, elle le retiendrait, pensait-elle. (29268)

Vers la mi-nuit, Madoine vient donc à ses pavillons, et enlève Marine, Gauvain et Yvain qu'elle transporte en sa vallée. (29284)

A leur réveil, les voyageurs sont bien étonnés de ne plus se trouver dans les pavillons, ils sont dans un somptueux palais. (29286) Ils s'apprêtent à partir. — Survient Madoine qui les salue.

— Dame, répond Gauvain, soyez la bien-venue, mais apprenez-nous où nous sommes.

— Sire, lui dit-elle :

29308   Vous êtes en Brocéliande,
        La riche forest fiere et grande
        Céanz est li manoirs aux fées
        Qui vont par estranges contrées.
        Touz jors mes céanz demorrez,
        Jamais ne vos en partirez.

Cette parole ne plut point à Gauvain.

— Dame, dites-vous vrai, répartit-il, pour rien au monde je ne veux pas que nous soyons ici retenus.

— Biaux doux sire, lui répond Madoine, je vous parle en vérité, cette vallée est ainsi close que nul n'en peut sortir s'il n'est déesse ou fée. (29325)

On conçoit la désolation des trois prisonniers. Tout le jour, ils cherchèrent une issue, mais sans en trouver. (29355)

Pendant tout ce temps, Laris attendait son amie, que Gauvain et Yvain étaient allés chercher pour l'amener en Danemark et faire le mariage des deux amants. Ne voyant rien venir, il se dit que Marine est victime de quelque embûche et confinée en terre inconnue. (29369)

Or, une nuit qu'il se désolait en pensant à Marine, voilà que Madoine vient à lui. Laris, lui dit-elle, j'ai enlevé ton amie, tu ne la reverras pas que tu ne viennes en notre vallée. (29386)

Là-dessus, Madoine veut s'en aller ; mais Laris la saisit et la retient malgré ses efforts. Il appelle ses gens qui viennent à son aide. Madoine crie merci, mais Laris la menace de la tuer si elle ne lui rend son amie.

Madoine effrayée promet de la lui rendre. Laris, ayant pris sa foi, la laisse partir. La fée retourne en sa vallée et reporte dame et chevaliers dans la forêt, au lieu d'où elle les avait enlevés. Mais les pavillons n'y étaient plus. (29431)

Le lendemain toute la compagnie monta à cheval et continua sa route pour le Danemark, s'entretenant de tout ce qui venait de leur arriver et qui leur semblait n'avoir été qu'un songe. (29441)

Nous voici maintenant presque à la fin du roman, et dans le reste, il n'est plus mention de Brocéliande ni des fées.

On devine aisément ce qui doit arriver : Artus qui vient de conquérir le Danemark le donne à Laris en royauté. (29364) Marine arrive enfin, et son mariage avec Laris est célébré en grand honneur (29570), et après la messe, Artus les couronne l'un et l'autre. (29686)

Les fêtes finies, on songe à s'en aller. (29750) Artus et ses gens, Claris, Laris et Marine quittent donc le Danemark et s'en retournent en Gascogne. De là, dit le trouvère, ils entrent en Bretagne, et de là en Allemagne, et tant vont par monts et par vaux qu'enfin ils aperçoivent la riche cité de Cologne, où le roi Henri père de Laris et roi d'Allemagne, était assiégé par Saris, roi de Hongrie, qui commandait une armée de Grecs. (29770) — De part et d'autre, on se prépare à une grande bataille. Le roi Saris est tué par Laris. (30195) Alors son armée s'enfuit en déroute.

Le roi Henri cède son royaume d'Allemagne à son fils Laris, Artus ratifie comme suzerain, puis couronne de nouveau Laris et Marine (30283) — Après huit jours de fêtes, tout le monde s'en retourne en Bretagne, à Caradigant, où l'on retrouve Lidaine et la reine Genièvre. (30315) Artus ensuite donne congé à toute sa baronnie, chacun se retire en sa terre, prend un repos bien gagné, et l'histoire est finie. (30369)

Table des matières

LE ROMAN DE PONTHUS

LI ROMANS DE CLARIS ET LARIS